Die Küche der Langlebigen

Violetta Rudat-Avidzba

Die Küche der Langlebigen

Mein Abchasien und seine kulinarischen Genüsse

BuchVerlag
für die Frau

Inhalt

Ein Wort zuvor von Dr. Thomas von Ardenne

Erinnerungen an meine Zeit in Abchasien

Oft werde ich gefragt, wo und wie ich meine Kindheit verbracht habe. Dies sind dann die Augenblicke, in denen ich mich an die unbeschwerten und wunderbaren 10 Jahre in Sinop bei Suchum in Abchasien erinnere. Bekanntlich bleiben Eindrücke, die ein Mensch in seiner Kindheit sammelt, besonders stark und lange im Gedächtnis haften und bestimmen oft seinen zukünftigen Charakter und seine Beziehung zu seinem Umfeld. Ich denke, dass dies auch bei mir zutrifft.

Unsere Familie war von 1945 bis 1955 in Abchasien interniert. Vater war Physiker und hatte mit seinen Mitarbeitern im Rahmen der sowjetischen Atomforschung die Technologie zur magnetischen Uran-Isotopentrennung zu entwickeln. Dies geschah in Sinop, etwa 7 km von Suchum entfernt, in einem zum kernphysikalischen Institut umgebauten ehemaligen Sanatoriumskomplex.

Im Gegensatz zu unseren Eltern hatten wir Kinder eine nahezu grenzenlose Freiheit. Wir haben die in unserer Nähe lebenden Abchasier und die wunderbare Natur kennen und lieben gelernt. Die geschlossenen Freundschaften haben Jahrzehnte gehalten und ich habe mehrfach Reisen in die Heimat meiner Kindheit unternommen.

So war ich auch anlässlich von Filmaufnahmen für den 100. Geburtstag meines Vaters, Manfred von Ardenne, 2006 in Suchum. Zusammen mit meinem Freund, Prof. Klaus Thiessen, der gemeinsam mit seinem Vater nach 1945 ebenfalls in dem Institut geforscht hatte, begaben wir uns 2006 auf den Spuren unserer Väter in die „heiligen" Räume des Sinoper Instituts. Eindrucksvollere Tage habe ich in meinem Leben selten erlebt. Wir wurden außerordentlich freundlich von Dr. Anatoli Markolija, dem Institutsdirektor, begleitet. Er öffnete uns alle Türen. Wir entdeckten alte deutsche Meßapparaturen, Geräte und Anlagen, so wie sie 1955 bei unserer Abreise zurückgelassen wurden. Dazu gehörte auch der viele Tonnen schwere Magnet für das Isotopen-Massentrennverfahren.

Ein Höhepunkt unseres Aufenthalts war das Treffen mit ehemaligen Mitarbeitern unserer Väter. Es kam zu bewegenden Gesprächen, alte Erinnerungen aus der Zeit von vor über 50 Jahren wurden wach. Anschließend durften Klaus und ich je einen Baum pflanzen, der symbolisch für unsere Verbundenheit mit dem Wirkungsort unserer Väter und dem Boden Abchasiens stehen und wachsen soll.

Besonders dankbar war ich für die herzliche Aufnahme, den Empfang bei Präsident Bagapsch, die Unterbringung im Gästehaus der Regierung Abchasiens, die Betreuung durch unseren Freund Anatoli und die Begegnungen mit vielen anderen abchasischen Persönlichkeiten.

Abschließend möchte ich die Hoffnung äußern, dass die Wunden und Zerstörungen des Krieges Anfang der 1990-er Jahre bald überwunden sind und Abchasien wieder zu einem blühenden und wirtschaftlich starken Land werden möge.

Thomas von Ardenne

Das Glück geht dorthin, wo man das Lachen hört.

(abchasisch)

Als ich aus meiner Heimat Abchasien nach Deutschland kam, hatte ich zunächst ein wenig Angst, wie ich mich in der Fremde fühlen würde. Doch ich war angenehm überrascht von der herzlichen Aufnahme in der Familie meines Mannes und von der lebensfrohen Thüringer Art. Auch später bei den Berlinern mit ihrer etwas rauen Schale, aber dem herzlichen Kern habe ich mich wohlgefühlt. Natürlich verglich ich, besonders am Anfang, alles mit allem, hier und dort, Abchasien mit Deutschland – doch vielleicht war das ein Fehler. Ich bin meinem Mann und seiner Familie sehr dankbar, dass sie mir geholfen haben, ohne diese Vergleiche meine neue Heimat schon bald lieben zu lernen. Es dauerte nicht lange und auch mein Mann und unsere Söhne haben mein Volk mit seiner Kultur und seinen Traditionen lieben gelernt ohne solche langweiligen und nutzlosen Vergleiche wie „bei uns“, „bei euch“, wo „besser“ oder wo „schlechter“.

Man sagt, dass ich kontaktfreudig und aufgeschlossen bin und die Verwandten und Freunde bitten mich oft, dass ich etwas über Abchasien erzähle. Das mache ich, natürlich, sehr gerne – obwohl ich nun schon „Konkurrenz“ habe: mein Mann und unsere Söhne, die oft in meinem Abchasien waren, erzählen mit genauso vielen Emotionen, vielleicht sogar noch mehr als ich, über die Kultur, die Traditionen und die Lebensweise unserer Menschen. Es ist klar, dass solche Erzählungen besonders viel Spaß machen, wenn dabei auch der aromatisch-pikante Duft und der Geschmack abchasischer Speisen die Sinne verwöhnen, was bei uns zu Hause nicht selten der Fall ist. Ich koche sehr gerne und – wie ich hoffe – mit gutem Erfolg. Unsere Freunde bitten jedes Mal, wenn wir uns besuchen, um abchasische Spezialitäten. So kam es, dass ich immer mehr Einladungen auch von außerhalb bekam, über Abchasien und seine Küche zu erzählen und ein paar Kostproben zuzubereiten. Immer mehr Zuhörer baten mich, meine Rezepte weiterzugeben und besser noch, ein Buch darüber zu schreiben. Hier liegt es nun auch in deutscher Sprache vor und soll Ihnen eine Region nahe bringen, die 2014 Gastgeber der Olympischen Winterspiele sein wird. Lassen Sie sich von den wunderbaren Rezepten der abchasischen Küche verführen!

Ein wunderschöner Blick vom Iwerija-Berg auf das Kloster in Novy Afon und das Schwarze Meer

Bambus-Hain im Botanischen Garten in Suchumi

Reise ins Land der Hundertjährigen

An den Südhängen des Westkaukasus, in den fruchtbaren und lieblichen Ebenen, auf dem schmalen, mit üppiger Vegetation bedeckten Küstenstreifen, der die Berge mit dem Schwarzen Meer verbindet, lebt das Volk der Abchasen.

Obwohl Abchasien zu Europa gehört, sind viele Sitten und Gebräuche anders als in Mittel- oder Osteuropa. Die Abchasen nennen sich selbst „Apsua", ihr Land „Apsny", was so viel wie „das Land der Seele" bedeutet. Abchasien ist ein kleines, aber interessantes Land, wegen seiner oft gerühmten einmaligen landschaftlichen Reize, der vielen ehrwürdigen Zeugen der Vergangenheit, der reichen kulturellen Traditionen und als Land der Hundertjährigen.

Das Land bietet hervorragende Bedingungen für Naturfreunde und Erholungssuchende: die üppige Blütenpracht subtropischer Täler und angenehm temperiertes Meereswasser, die tiefen Schluchten und klaren Bergflüsse, geschützte Waldgebiete mit seltenen Vertretern der Flora und Fauna sowie über 100 heilkräftige Mineralquellen. Das Heilwasser „Auádchara", reich an lebenswichtigen Mineralstoffen, ist vergleichbar mit dem Emser Mineralwasser, mit dem

Duftende Blumenwiesen an den Hängen der Kaukasus-Berge

französischen Vichy-Wasser oder mit dem georgischen Borschomi. Bekannt sind auch die Heilkräfte der Schwefel-Wasserstoff-Quellen, die das Herz und die Nerven stärken.

Auch die Luft ist eine Kostbarkeit des Landes. Sie ist reich an negativen Ionen, an Meersalz und an Sauerstoff (mit 41%). Die Pflanzen reichern die Luft mit ätherischen Ölen und Phytonziden an – Substanzen, die schädliche Mikroorganismen und Bakterien vernichten. Die abchasische Luft ist ein heilender Cocktail, der das Phänomen der Langlebigkeit begünstigt.

In Abchasien herrscht ein warmes und subtropisches Meeresklima, mit mildem Winter, heißem Sommer und einem jährlichen Temperaturmittel von +15° C und 220 Sonnentagen im Jahr. Das warme und sonnige Wetter hält hier bis November an, und der Frühling beginnt bereits im Februar. Die ganze abchasische Küste hat hervorragende Klimaverhältnisse: Die Bergzüge des Westkaukasus halten die rauen Nordwinde ab, im Tagesverlauf und im Wechsel der Jahreszeiten gibt es keine schroffen Schwankungen der Temperatur, Minusgrade haben Seltenheitswert. Eine stabile Meeresbrise, angereichert mit Salzionen und Jod, mischt sich mit den ätherischen Substanzen aus dem Harz der Bäume. Die wohltuenden Düfte, das einzigartige Farbenspiel des Schwarzen Meeres und der grünen Berghänge – ein Naturgenuss pur!

Mittelalterliche Felsenwohnungen in den Bergen

Teil einer alten Wohnanlage in Gagra

Etwas abchasische Geschichte

Seit der ältesten Antike ist dieses Gebiet des Westkaukasus Gegenstand griechischer Erzählungen. Immer wieder ranken sich Legenden und Geschichten um dieses Stück Erde.

Jeder kennt zum Beispiel aus der Schulzeit die Geschichte des Prometheus. Nachdem er den Menschen das Feuer brachte, wurde er zur Strafe an einen Fels des Kaukasus geschmiedet, wo ihm ein Adler täglich an der Leber fraß, die ihm nachts wieder nachwuchs.

Die jahrtausendealte Geschichte Abchasiens beweist immer wieder den Mut und den Lebenswillen seines Volkes. Die günstige geografische Lage, das milde Klima und der fruchtbare Boden zogen bereits in der Antike Seefahrer und Händler an. Im 4. Jahrhundert v. u. Z. gab es im Gebiet des heutigen Suchumi, der Hauptstadt Abchasiens, einen großen Hafen sowie ein Handels- und Gewerbezentrum des antiken Kolchis-Reiches, das in der Folgezeit von den Griechen besiedelt und zu einer der reichsten griechischen Kolonien am Schwarzen Meer ausgebaut wurde. Die Erzeugnisse der Töpfer, Weber, Gerber und Kunstschmiede, aber auch Wein und Honig aus dieser Gegend waren weit und breit berühmt.

Der Sage nach soll der Name der Stadt Dioskuria mit den Reisebegleitern des griechischen Helden Jason, den Zwillingsbrüdern Castor und Pollux, zusammenhängen. Nachdem es Jason mit seinen Argonauten gelungen war, dem König des Kolchis-Reiches das Goldene Vlies und seine Tochter Medea zu rauben, trennten sich die Zwillingsbrüder von ihm und segelten Richtung Nordwesten.

Wehrkirche aus dem 9. Jh. In Novy Afon

Der gute Geist ist allgegenwärtig.

Als sie die Küste in Höhe des heutigen Suchumi erreichten, sahen sie hier eine große Siedlung, die sie Dioskuria, „Stadt der Zwillinge", nannten. Griechisch-römische Quellen belegen, dass hier Schiffe aus aller Herren Länder vor Anker gingen.

Dieses Gebiet war im Altertum so bedeutend, dass Jesus Christus später einen seiner zwölf Apostel, Simon Kanonit, dorthin sandte, um die Menschen zum Christentum zu bekehren. Aus diesem Grunde wurde das Gebiet des Westkaukasus schon zu einem früheren Zeitpunkt christianisiert als Westeuropa. Davon künden uralte Kirchen, die z. T. 1500 Jahre alt sind (wie beispielsweise die Kirche in Pizunda aus dem 6. Jh.) und bis heute von den Gläubigen für ihre Gottesdienste genutzt werden.

In der Spätantike versank im Laufe nur eines Jahrhunderts aufgrund tektonischer Aktivität im Westkaukasus zusammen mit der Küste ein großer Teil der Stadt Dioskuria auf den Meeresboden und setzte dem Aufblühen dieses Handelszentrums ein Ende. Auf den Ruinen dieser Stadt entstand Ende des 1. und Anfang des 2. Jh. u. Z. die Festung Sebastopolis. Die Byzantiner folgten auf die Römer und ließen neben den zum größten Teil vom Meer überschwemmten Anlagen die Festung Zchum entstehen. Aus dieser entwickelte sich schließlich eine bedeutende Stadt, die enge Handelsbeziehungen zu Genua, Venedig und der deutschen Hanse unterhielt.

In den antiken Quellen von Beginn unserer Zeitrechnung an werden die beiden Stämme der Abasen und Apsilen erwähnt, die unmittelbaren Vorfahren des abchasischen Volkes. Im 8. Jahrhundert wurde ein unabhängiges abchasisches Reich gebildet. Sowohl in der Antike als

Mosaik eines abchasischen Reiters in seiner Nationaltracht

Diese zarten Magnolienblüten verströmen im Sommer einen leichten Vanilleduft.

auch im Mittelalter war Abchasien immer wieder Ziel fremdländischer Eroberer: der Griechen, Römer, Byzantiner, Chasaren und Araber. Vor drei Jahrhunderten eroberten die Osmanen das abchasische Reich und versuchten, die Abchasen zum Islam zu bekehren. Nach dem kaukasischen Krieg, besonders 1866-1877, erlebte Abchasien eine schlimme Zeit, so dass mehrere Tausend Abchasen in die Türkei auswandern mussten. Das Schicksal verstreute sie schließlich in die ganze Welt, in der Hauptstadt blieben nur 212 Menschen, die Stadt war zerstört und verwüstet. Nur die Wenigsten fanden die Möglichkeit zurückzukehren. Die meisten der Ausgewanderten leben heute noch in der Türkei, in Amerika und in Europa. Sie haben ihre Sprache, Tradition, Kultur und ihre Küche sorgfältig bewahrt. Ganz rührend ist, wie gerne diese Menschen über Abchasien reden und wie jeder wünscht, einmal dorthin zu fahren; denn dort ist schließlich ihr Ursprung.

Dyrmit Gulia (1874- 1960)
Meine geliebte Heimat

Meine geliebte Heimat,
Was ist mit dir geschehen?
Wonach suchst du? So traurig
Hab ich dich nie gesehen.

Beklagst du die Vertriebenen?
Oder grämen dich die
Gebliebenen?
Meine geliebte Heimat,
Was ist mit dir geschehen?

Grämen dich die im Unwissen
sich Wiegenden?
Oder schämst du dich der
unwissend Gebliebenen?
– Meine geliebte Heimat.
Was ist mit dir geschehen?

Übersetzung aus dem Abchasischen von Violetta Rudat

Die Kolonnaden zum Park des Prinzen von Oldenburg in Gagra

Nach der deutschen Wiedervereinigung habe ich abchasische Familien aus der Türkei sogar mit meinem eigenen Familiennamen hier gefunden. Ich war zu Tränen gerührt, wie sie mich als „echte" Abchasin ins Herz schlossen und wie lebendig ihre Liebe zur alten Heimat ist, obwohl ihre Familien über ein Jahrhundert fern von Abchasien lebten. Bräuche und sogar die abchasischen Gerichte wurden von Generation zu Generation weitergegeben. Dies habe ich selber bei Feiern und Besuchen in Berlin und Monheim am Rhein erlebt.

Um 1900 hatte sich Abchasien wieder erholt, seine Hauptstadt Suchumi zu einem bedeutenden Handelszentrum entwickelt, später auch zu einem bedeutenden Kurort. Ein besonders schweres Schicksal hatte Abchasien im Jahre 1992-93 zu tragen. Nach dem Krieg zwischen Abchasien und Georgien versucht Abchasien nun selbstständig zu existieren. Mit Hilfe russischer Investoren wird langsam die beliebteste Kurortzone an der kaukasischen Schwarzmeerküste wieder restauriert und modernisiert. Obwohl schon viel erreicht wurde, sind bis heute die Kriegsschäden noch immer zu sehen. Besonders im östlichen Teil Abchasiens gab es schlimme Zerstörungen. Doch inzwischen ist auch die Eisenbahnlinie zwischen Sotschi und Suchumi rekonstruiert und so fahren wieder regelmäßig Züge von Moskau bis nach Suchumi.

Willst du den Freund prüfen – leih ihm Geld. (abchasisch)

Das „russische Nizza" und andere Schwarzmeerperlen

Neue Hotels und Restaurants entstehen in der Stadt Gagra, einem der beliebtesten Kurorte der gesamten Schwarzmeerküste. Dieser Kurort ist aus einer der ältesten abchasischen Siedlungen der antiken Kolchiszeit entstanden. Die Griechen nannten ihn Triglif, die Römer Nítika, die Byzantiner Tracheja und von genuesischen Kaufleuten wurde sie als Chákara vermerkt.

Ende des 19. Jahrhunderts/Anfang des 20. Jahrhunderts gab es einen bedeutenden Höhepunkt in den abchasisch-deutschen Beziehungen. Zar Nikolai II. wies den Prinzen von Oldenburg an, der im Dienste des Zaren stand, in Abchasien ein „Russisches Nizza" aufzubauen. Dafür wurden ihm 14500 Hektar und zunächst 3 Mio. Rubel zur Verfügung gestellt. Im Oktober 1901 begannen die Arbeiten für einen luxuriösen Komplex mit aller Infrastruktur. Der deutsche Prinz errichtete in diesem herrlichen

Das aufwändig restaurierte Theaterfoyer

Licht- und Schattenspiele an filigraner Architektur

Winkel der Schwarzmeerküste eine Palastanlage mit verschiedenen Gebäuden. Besonders interessant ist der ehemalige Prinzenpalast, in dem heute die Pension „Tschaika“ eingerichtet ist, die Gebäude des Erholungsheimes „Shoiekwara“, die auch damals schon als Hotel dienten und die Pension für die Hofdamen, in dem sich jetzt das berühmte Restaurant „Gagripsch“ befindet. Alle diese Gebäude wurden als Einzelteile aus der Schweiz hierher gebracht und 1902 an Ort und Stelle aufgebaut.

Früher konnten nur „gut betuchte“ Leute nach Gagra fahren. Für Menschen des unteren und auch des Mittelstandes war eine Reise nach Gagra unerschwinglich. Heute kommen jedes Jahr viele Touristen und erholen sich in den zauberhaften subtropischen Parkanlagen mit Fächer- und Kokospalmen, Oleander und Drachenbäumen, Eukalyptus und Bananenstauden, Eiben, Himalajazedern, Kampfer, Bambus, Hovenien und vielen anderen. Sogar eine Araukarie, vom Prinzen von Oldenburg noch selber gepflanzt, präsentiert ihre Schönheit. Unter den Bäumen stolzieren zahme Störche und radschlagende Pfauen umher. An heißen Sommertagen verschafft schließlich ein Ausflug in die überwältigende Bergwelt zum 1000 m hoch gelegenen Riza-See eine angenehme Abkühlung.

Ein ganz besonderer Schatz in der Gegend östlich von Gagra, im bekannten Kurort-Komplex von Pizunda, ist ein Hain mit Relikt-Kiefern, wie sie seit dem Tertiär auf der Erde nahezu ausgestorben sind. Diese Bäume mit ihren bis zu 40 cm langen Nadeln galten schon im Altertum als heilig.

Häufige und ausgedehnte Spaziergänge unter diesen Kiefern sind besonders wohltuend und heilsam für diejenigen, die unter Atembeschwerden leiden. Allein der Duft macht schon gute Laune.

Der Ärger der Mutter auf ihre Kinder
ist wie ein milder Frühlingsregen. (abchasisch)

S. 18, oben links: Alter Wachturm in Gagra
S. 18, unten: Erholung am Strand des Schwarzen Meeres ist doch am schönsten

S. 18, oben rechts: Die Zypressen verleihen dem Stadtbild fast Toskana-Flair.

oben: Ein Hotel in subtropischer Vegetation in Gagra

An der Küste entlang reihen sich weitere Kurorte auf. Einer davon ist Gudauta. Diese Stadt war unter anderem berühmt für ihre bedeutende Austernzucht und belieferte bis in die 20er Jahre des vorigen Jahrhunderts viele Städte Europas mit dieser Delikatesse. Die Qualität der Austern lobte auch der russische Schriftsteller Konstantin Paustovski. Nicht weit von Gudauta entfernt liegt im Hinterland die mittelalterliche Residenz der abchasischen Zaren – das berühmte Lichny, wo bis heute wichtige Volksfeste mit Reiterfestspielen und Pferderennen stattfinden. Oberhalb in den Bergen liegt übrigens in 2250 m Höhe der Eingang zur tiefsten Höhle der Welt, der Voronya-Höhle. Sie reicht mindestens 2200 m in die Tiefe.

Ein besonders charmanter Kurort ist Novy Afon, ein kleines, bezauberndes Städtchen am Fuße des Iwerija-Berges. Hier fängt der Frühling schon sehr zeitig an, Ende Februar blühen Mimosen und Veilchen, und im April beginnt bereits die Badesaison. In historischen Dokumenten ist Novy Afon als Anakopía vermerkt – einst die Hauptstadt des abchasischen Reiches. Auf dem Iwerija-Berg kann man noch heute die Festung von Anakopía mit einem grandiosen Blick auf Novy Afon und das Schwarze Meer besichtigen.

Das majestätische Kloster in Novy Afon

Gegenüber strahlt ein prächtiges griechisches Kloster aus dem vorigen Jahrhundert wie die Sonne seine Schönheit von den Bergen herab. Dieses Kloster wurde im prunkvollen byzantinischen Stil errichtet, seine Räume mit reichen und einzigartigen Decken- und Wandmalereien sowie Mosaiken verziert. Es entwickelte sich Ende des 19. und Anfang des 20. Jahrhunderts zum führenden Kirchenzentrum an der ganzen Kaukasusküste und zu einem Pilgerort für Christen aus dem gesamten russischen Reich – nicht zuletzt wegen der Wohnhöhle des Apostels Simon Kanonit, die sich etwas oberhalb in den Bergen befindet und als heilig gilt. Die Klosterwirtschaft mit Olivenöl, Wein, Honig, Kräutern und Mehlerzeugnissen (aus einer eigenen Mühle) stellte einen wichtigen Wirtschaftsfaktor für Novy Afon dar und bereicherte durch ihre internationalen Beziehungen die abchasische Küche. Hier in Novy Afon befinden sich heute gute Nationalitätenrestaurants und die Lieblingscafés der Verliebten, wie z. B. das Café inmitten eines Sees, auf dem schwarze und weiße Schwäne schwimmen und das nur über eine Zierbrücke zu erreichen ist. Auch die unterirdische grandiose Märchenpracht der riesigen Tropfsteinhöhle ist eine Überraschung, die den Besuch von Novy Afon unvergesslich macht.

Fährt man weiter nach Osten in Richtung Suchumi, stößt man nach ca. 10 km auf das exotische Restaurant „Eschera“. Hier lohnt

Erst, wenn man etwas verloren hat, weiß man, was es einem wert war.

(abchasisch)

oben links: Wunderschön gestaltete Bushaltestelle am Schwarzen Meer

oben rechts: Das Cafe der Verliebten am Schwanensee in Novy Afon

es sich zu verweilen! Der Eingang zum Restaurant führt in eine große Felshöhle, wo einen besonders im Sommer eine angenehme und erfrischende Kühle empfängt. Die Tische stehen in den Felsnischen auf unterschiedlichen Ebenen und das gedämpfte Licht verbreitet eine geheimnisvolle Atmosphäre. Tritt man dann wieder ans Sonnenlicht und lässt seinen Blick über das weite Meer schweifen, scheint man aus einer Welt in eine andere zu kommen.

Nach diesem Besuch fährt man in langgezogenen Serpentinen hinab in Richtung Suchumi, überquert auf einer langen Brücke die Schlucht des Gumista-Flusses und fährt durch eine Villen-Siedlung, in der Kriegsschäden leider immer noch allgegenwärtig sind, an riesigen Eukalyptus-Bäumen vorbei in die abchasische Hauptstadt.

Die Innenstadt von Suchumi wird dominiert vom Hafen und der schönen Uferpromenade mit ihren großen Hotels. Von hier führt die Magistrale am Botanischen Garten vorbei zur weltberühmten wissenschaftlichen Affenfarm der Akademie der Wissenschaften. Gegenüber befindet sich der „Suchumi"-Berg mit einem malerischen Waldpark. Der überwältigende Blick auf das Schwarze Meer einerseits und die gewaltige Gebirgskette des Kaukasus andererseits wird Ihnen ewig in Erinnerung bleiben und wenn Sie hier frisch zubereitetes Ziegenfleisch und kühlen Rotwein genießen, wünschen Sie, dass die Zeit stehen bleibt. Als Hauptstadt hat Suchumi natürlich noch vieles aus Vergangenheit und Gegenwart zu erzählen. Wie ein Brillant in einer kostbaren Fassung ruht, so liegt Suchumi in einer einzigartigen Natur.

Moderne Repräsentationsbauten

Stadtvilla im parkähnlichen Garten

Östlich von Suchumi liegt das berühmte Physikalisch-Mathematische Institut. Hier arbeiteten nach dem Ende des 2. Weltkrieges von 1945-1955 der weltberühmte deutsche Physiker und Naturwissenschaftler Professor Manfred von Ardenne und seine Mitarbeiter an Forschungen zur Atomphysik. Prof. von Ardenne wurde freundlich in Abchasien aufgenommen, seine Familie erinnert sich bis heute positiv an diese Zeit.

Im östlichen Teil von Abchasien liegen die Bergarbeiterstadt Tkwartscheli und die bekannte Stadt Otschamtschira. In Tkwartscheli gibt es Steinkohlegruben und Hüttenwerke. Weit über die Grenzen des Landes hinaus berühmt waren die Tee- und Tabakplantagen sowie die Pflanzungen zur Gewinnung ätherischer Öle. In der Umgebung von Otschamtschira wurden außerdem riesige Vorkommen an mineralischen Thermalquellen entdeckt.

Und so kann ich noch von vielen weiteren Kostbarkeiten und reizvollen Naturschönheiten aus Abchasien berichten.

Als mein Mann und ich kürzlich in Italien waren und die Landschaft am Garda-See bewunderten, sagte mein Mann plötzlich: „Die Natur hier ist schön, aber stumm – bei euch in Abchasien spricht mit dir jeder Baum und jeder Stein." Nun stehe ich in meinem Lieblingsort Novy Afon, höre auf das Rauschen des Schwarzen Meeres und fühle wieder: Die Natur ist hier so einladend und herzlich wie die Menschen dieses, meines Landes ...

Ein typisches abchasisches Häuschen zum Trocknen und Aufbewahren von Mais

Das traditionelle abchasische Haus

Die Abchasen bauen ihre Häuser traditionell aus Stein und Holz. Die Natur gibt dazu auch vielfältige Möglichkeiten: Rhododendron, Kastanie, Eiche, Nuss, Azalee, Roter Baum (auf abchasisch „Aa“, zwar leider geschützt, aber sehr wertvoll für Bauten und Möbel), Eibe, Platane, Buche, Buchsbaum, Esche, Kiefer, Zypresse und andere. Auch verschiedene Steine wie Granit, Marmor, Kalkstein usw. sind vorhanden.

Ein typisch abchasisches Haus ist zweistöckig mit Balkon und einer repräsentativen Außentreppe zum oberen Stockwerk. Meist befindet sich davor eine mit Holzschnitzereien eingefasste Terrasse. Neben dem Haupthaus findet ein separat gebautes, aus Kastanien- oder Nusszweigen geflochtenes kleineres Küchenhaus seinen Platz. Kommt man hinein, dann ist innen alles anders als erwartet. Nach alter Sitte befindet sich in der Mitte des Raums auf dem Boden eine offene Feuerstelle. Über dem Holzfeuer hängt an gusseisernen Ketten ein Kessel, in dem Fleisch, Bohnen oder Polenta gekocht wird. Ca. 3 m darüber hängen an großen Haken oder auf einem Grillrost Fleisch und Käse zum Räuchern. Die Hausfrau zaubert an ihrem Arbeitstisch aus duftenden Gewürzen, säuerlich-aromatischen Beeren und knackigen Nüssen leckere Saucen.

Besonders viel Wert wird auf einen Hofgarten mit gepflegtem grünen Rasen gelegt. So ein Hof ist ein wichtiger Platz für Feste wie Hochzeiten, Geburtstage, Feier zur ersten Vorstellung des Schwiegersohnes, Dankopferfeste, Trauerfeiern und andere.

oben: Unvergleichlich schmeckt die Polenta vom offenen Feuer.
unten: Im abchasischen Haus ist viel Platz für Geselligkeit.

Lorbeerbaum in einem Park in Abchasien

Oft steht in diesen Hofgärten eine Weißbuche oder ein anderer alter Baum als Schattenspender, wo im Sommer die Alten sitzen und die Enkel und Urenkel um sie herum spielen. Diese Weißbuche (Carpinus betulus), auf abchasisch „Achiaza“, soll göttlicher Abstammung sein und wird daher nicht vom Blitz getroffen; auch aus diesem Grunde wird sie von den Abchasen als Hausbaum bevorzugt. Deshalb suchen bei schlechtem Wetter die Menschen Schutz unter diesem Baum. Gefährlich ist es dagegen, bei Blitz und Donner unter Walnuss-Bäumen zu stehen; denn diese ziehen den Blitz an! – Solche Weisheiten erzählen die Hundertjährigen ihren Jüngsten in Form kleiner Geschichten, auch unter der Weißbuche.

Beliebt und als Symbol geachtet ist auch die Linde, die sehr alt wird. Unter solch alten Lindenbäumen versammeln sich in den Dörfern oft die Gemeindeältesten, zwischen denen auch die Hundertjährigen temperamentvoll debattieren.

Vom Jagen und Feiern

Zur Jagd gehen war und bleibt eine Tradition der Abchasen. Als Kind habe ich oft meinen Vater und seine Freunde bei ihren Jagdvorbereitungen beobachtet und ungeduldig auf ihre Rückkehr gewartet. Mein Vater war ein passionierter Jäger und bekannt als kühner Bergsteiger, der die gefährlichen Schluchten und Pässe gut kannte. Die Jagd war für ihn nicht nur zum Beutemachen da, sondern auch um den Charakter, die Willenskraft, Mut, Ausdauer und Disziplin zu stärken (und auch die in-

oben: Ein traditionelles Pazcha-Restaurant zum Kochen und Räuchern
unten: Gemeinsam glücklich

Meine Neffen und die Nichte: Inal, Bagrad und Ilana – ein fröhliches Trio

nere Verbindung zwischen Mensch und Tier zu bestätigen). Dies ist schon in den heidnischen abchasischen Sagen festgehalten worden. Doch habe ich immer Angst um meinen Vater gehabt. Umso größer war die Freude, wenn er zurück kam mit einem Wildschwein oder Ziegenbock, manchmal auch mit Wildenten oder Fasanen. Das war jedes Mal ein Fest für uns und alle Nachbarn. Die abchasischen Männer können sehr gut mit Fleisch umgehen. Üblicherweise kochen sie das Fleisch, denn gekochtes Fleisch ist viel gesünder als gebratenes. Manche Teile wurden aber auch geräuchert. Die Frauen deckten mit Leckereien den Tisch. Dann saßen wir alle am Tisch, es wurde gefeiert und getanzt. Die gute Laune solcher gemeinsamen Freuden wärmt bis heute mein Herz. Auch die Alten wurden eingeladen, sie saßen stolz und entspannt da, mit ihren wahren und erfundenen Geschichten aus ihrer Vergangenheit konnten sie groß und klein begeistern. Besonders gefielen mir ihre alten Volkssagen und Gedichte. Diese hoch betagten Menschen genießen allgemeine Achtung und Autorität unter Verwandten und Nachbarn, und ihre Meinung zählt in den Familien und in der Gemeinde.

Der Weise will lernen – der Dumme andere belehren.

(abchasisch)

Schach – eine der Lieblingsbeschäftigungen unserer Senioren

Meine Nichte Saria heißt uns willkommen!

Apsuara – die abchasische Lebensphilosophie

Die Abchasier haben wie die Kaukasier generell einen besonders ausgeprägten Familiensinn und großes Verständnis für die nachfolgenden Generationen. Opa und Oma sind die Lieblinge in der Familie. Meistens leben die Kinder, die Eltern und die Enkelkinder zusammen. Um Rat werden die Großeltern immer gefragt und er wird mit Respekt entgegengenommen. Wird das Problem anders gelöst, als die Großeltern empfohlen haben, dann wird auch dies mit Würde akzeptiert. Die „Kette" der Verbundenheit zwischen älteren und jungen Menschen ist nicht gebrochen.

Alles fängt mit der Erziehung der Kinder an. Die Kinder fühlen die Liebe und Zuneigung aller Familienmitglieder und Verwandten. Respekt vor den Eltern kann man in fast allen Familien beobachten. Von manchen benachbarten Völkern wurden in vergangener Zeit die Kinder zur Erziehung zu abchasischen Familien geschickt. Auch der Adel hat seine Kinder den Bauernfamilien anvertraut, damit sie Arbeit, Naturverbundenheit, Kriegs- und Reiterkunst und die traditionelle abchasische Lebensphilosophie (Apsuara) lernen.

Für die Erziehung ist es wichtig, den Kindern Aufgaben zu übertragen, die sie bewältigen und an denen sie „wachsen" können. Beispiel sind ihnen immer die Erwachsenen. Den Alten eine Freude zu machen, wird als gute Tat geschätzt. Denn auch die Eltern und Großeltern unterstützen selbstverständlich ihre Kinder und Enkelkinder – in der Ausbildung, im Studium, beim Hausbau.

Geachtet ist, wer seine Eltern und Großeltern mit Würde und Liebe behandelt. Viele Sprichwörter zeugen davon.

Tue nur Gutes, dann widerfährt dir nichts Schlechtes.

Wer die Kinder nicht mag, mag niemanden.

Herzenswärme ist besser als Schönheit.

(abchasisch)

Glückliche Kinder wünscht man sich überall auf der Welt.

Das Alter achten

In Abchasien gibt es keine Altersheime. Ich finde es traurig, wenn alte Leute in Altersheimen auf ihr Ende warten. Bei uns sind die Alten mit Aufgaben im Familienleben integriert, so erhalten sie ihre Lebensfreude und eine beneidenswerte Gesundheit.

Ein schönes Beispiel ist das Tanzensemble der Hundertjährigen, die auch in Berlin, Hamburg und Dortmund bewiesen, was für eine unglaubliche Vitalität sie besitzen. Der Älteste war 102 Jahre alt, das „Nesthäkchen" 70 Jahre. Sie überzeugten mit ihren temperamentvollen Tänzen und faszinierten auch durch ihre polyphonen Gesänge. Mit Eleganz und stolzer Haltung, in Nationaltrachten tanzten sie sogar auf Zehenspitzen – etwas Vergleichbares gibt es nur beim klassischen Ballett. Friedrich Bodenstedt (Gelehrter und Reisender aus dem 19. Jh.) schrieb: *„Es gewährt ein unbeschreibliches Vergnügen, diese kräftigen, hohen Gestalten mit ihren blitzenden Augen, ihrem ausdrucksvollem Gesichte, ihrem stolzen Gange und ihre lebhaften und ungezwungenen Bewegungen zu sehen."* Genau das bewahren sie bis in ihr hohes Alter. Diese von Gestalt hageren, noch rüstigen alten Männer haben sich auch ihr gutes Sehvermögen und Gedächtnis bewahrt.

Ich habe die Hundertjährigen während ihres Gastspiels in Berlin und Hamburg begleitet. Stets haben sie gute Laune verbreitet, wenn etwas nicht klappte, haben sie es mit Würde und stoischer Gelassenheit ertragen. Zwei Jahre später traf ich manche in Abchasien beim Pferderennen und wurde so dankbar begrüßt, dass mir ums Herz ganz warm wurde.

Auch die jüngeren Tänzer, die später in Stuttgart beim Schwerttanz-Festival den ersten Preis gewonnen hatten, zeigten ihre Meisterschaft. Die hübsche Frau, die mit ihrer Grazie das Publikum bezauberte, entsprach Dumas' Bemerkungen über die kaukasischen Frauen: *„Sie sind für ihre Schönheit berühmt: eine königliche Haltung, dazu die dunklen Augen – zwei große schwarze Diamanten"*.

Eine schlanke Figur, die von taillierten Kleidern betont wird – was für ein Fitness-Geheimnis steckt dahinter? Die Abchasen essen gesund, in Maßen. Richtig ist es, wenn man mit einem leichten Hungergefühl aufhört zu essen (nicht zuletzt, um noch etwas Platz für ein Glas Wein zu haben), sich im Freien zu bewegen, gern zu tanzen – das ist ihr Fitness-Programm.

Kaukasische Gastfreundschaft

Noch eine herausragende Eigenschaft, die dieses Volk besitzt, ist die Gastfreundlichkeit – die heilige Tradition der Abchasen. „Der Gast bringt mit sich das siebenfache Glück" – lautet das abchasische Sprichwort. Die Gastfreundschaft der Abchasen wird daher mit der Gastlichkeit der Homer'schen Antike verglichen und die Abchasen werden auch als „Franzosen des Kaukasus" bezeichnet.

Wenn z. B. zu Hause gekocht wird, dann wird stets eine Mahlzeit für einen Gast bereitgehalten. Denn bei uns muss man immer mit einem Gast rechnen, der zufällig eintrifft; und wenn gar mehrere Gäste kommen, wird der Tisch für alle Anwesenden wieder neu eingedeckt. Dies ist in der abchasischen Gesellschaft genauso selbstverständlich, wie man sich zu Beginn eines Essens einen „Guten Appetit" wünscht.

Abchasische Nationaltracht für Feiertage oder Festtänze

Ein abchasisches Handtuch mit Volkskunst-Motiven

Jede Hausfrau hält stets die besten Leckereien für die Gäste bereit. Wenn Männer zu Besuch kommen, wird gewöhnlich Wein oder auch Weintrauben- oder Obstschnaps „Amzkarasch“ – Grappa angeboten. Sollte dem Wirt noch etwas fehlen, holt er es, unbemerkt von den Gästen, bei den Nachbarn. „Ein guter Nachbar ist besser als ein schlechter Bruder“ – sagt ein abchasisches Sprichwort.

Für Verwandte und Freunde, die von weither kommen, und auch andere hochgestellte Gäste wird eine Pute, ein Huhn, eine Ziege oder gar ein Lamm geschlachtet. Aber das auch möglichst unauffällig für die Gäste, damit sie nicht anfangen zu protestieren. Solange in der Küche das Essen zubereitet wird, wird einer die Gäste unterhalten, wird ein oder zwei Gläschen Grappa als abchasischen Aperitif mit Nüssen und Obst anbieten. Grappa ist Volksmedizin, ein Gläschen vor dem Essen bewirkt eine bessere Verdauung und macht auch gute Laune für unverkrampfte, herzliche und manchmal auch philosophische Gespräche am Tisch.

Ein guter Nachbar ist besser als ein schlechter Bruder. (abchasisch)

Vor dem Essen werden alle zum traditionellen Händewaschen eingeladen. Als erster darf der Älteste sich die Hände waschen. Meistens wird eine junge Frau mit einem Krug Wasser und Handtuch bereit stehen. Nach dem Ältesten des Hauses darf der Gast, der nach dem Verwandtschaftsgrad am nächsten steht, die Hände waschen, dann die anderen.

Mein Sohn beherrscht schon die abchasische Art zu grillen.

Das verläuft recht zügig, weil alles gut etabliert ist. Jetzt gehen alle zu Tisch. Die besten Plätze bekommen die Ältesten und die Gäste, diese stehen ja sowieso im Mittelpunkt und man sorgt sich stets um ihr Wohl.

Der Tamada

Die Abchasen, wie gesagt, verstehen es ausgezeichnet, aus jedem Essen ein Fest voller Freude zu machen. Zum Haupt der Festtafel wird ein Tamada gewählt, meist ein älterer, erfahrener und angesehener Mann, der den Verlauf des Festessens lenkt. Eine junge Frau oder ein junger Mann füllen die Gläser mit Rotwein. Nun darf der Tamada den ersten Traditionstrinkspruch aussprechen, damit fängt jede Tafel an. Zu Ehren Gottes, eine ritual-magische, seit alten Zeiten unveränderte Formel: „Anzwa ilpcha hat“ – „Gott, schick uns Deine Güte, Deinen Segen“. Eigentlich soll man das Glas bis zur Neige leeren, es sei denn, es fallen einem außergewöhnlich gute und originelle Ausreden ein. Haben alle Anwesenden auf Gott getrunken, schließen sich weitere Traditionstrinksprüche an. Dazwischen wird geplaudert, diskutiert und gelacht, so gibt es immer ein ausgewogenes Verhältnis von Trinken, Essen und Gesprächen. Die Trinksprüche, die oft die Form einer Fabel haben, sollen nicht lang sein und einen positiven Inhalt haben, denn das verbreitet eine angenehme Atmosphäre. Es wird auf den Gastgeber, die Familie, die Freunde, das Land, Gott und die Welt getrunken und keiner der Anwesenden dabei vergessen.

Was für die Italiener die Pizza ist für die Abchasen das Käsebrot.

Der Tamada bringt nicht nur die Trinksprüche aus, sondern passt auch auf, dass sich niemand langweilt. Langsam wird der getrunkene Wein in Bewegung versetzt, wird gesungen und auch getanzt. Es ist keine Seltenheit, dass ein Hundertjähriger den Tanz eröffnet und die hübscheste junge Frau zum Tanz auffordert. Schon die Kleinen im Vorschulalter tanzen auch mit Stolz und Eifer ohne Scheu. So wird jedem Kind die Liebe zum Tanz anerzogen.

Männer und Frauen sitzen getrennt am Tisch, manchmal werden auch zwei Tafeln eingedeckt – eine für die Männer und eine für die Frauen. Aber im Laufe des Festessens, spätestens beim „gemütlichen" Teil, plaudern alle gemeinsam. Meinen Mann hatte dies anfangs verwundert, da es in Deutschland umgekehrt sei, da sitzen anfangs die Männer und Frauen zusammen an der Tafel, aber im Laufe des Abends bilden die beiden Geschlechter meist getrennte Gesprächsgruppen. Lachend gestand er zu, dass es in Abchasien besser sei – es ist viel angenehmer, wenn Männer und Frauen gemeinsam den Abend fröhlich beenden.

Der Gast wird nicht nur bewirtet, sondern auch geschützt. Der Wirt sorgt dafür, dass der Gast niemals beleidigt wird. Und wenn sich einer auch mal daneben benehmen sollte, wird er mit Geduld, Respekt und viel Diplomatie beruhigt und mit Würde nach Hause geschickt. Das ist aber eher ein seltener Fall, denn auch der Gast hat seine Regel: Er hat den Wirt ebenfalls mit Respekt zu behandeln.

An einem abchasischen Haus kannst du nicht so einfach vorbei gehen, du wirst eingeladen. Egal, wo dich ein bekannter Abchase trifft, er wird dich zu sich nach Hause einladen; und das sagt er nicht nur so, er freut sich, wenn man ihn besucht. Meine deutschen Freunde und Bekannte sind oft überrascht und verblüfft, wenn ich sie so spontan reichlich bewirte – mir macht das große Freude.

Du sollst dich nicht für etwas Besseres als andere halten, aber auch nicht für etwas Schlechteres.

(abchasisch)

Michail Lakrba (1901-1965)
Der Gast

Der alte Hanash Tzugba saß unter einem Baum an seiner Pazcha und nähte aus Leder ein Paar Sandalen für seinen einzigen Sohn. Plötzlich bellte sein Hund. Der Alte hob den Kopf und sah, wie ein ihm unbekannter junger Mann mit einem Sprung über den Zaun setzte. Es war nicht zu übersehen, dass der junge Mann in großer Eile war. Als er den alten Hausherrn erblickte, stürmte er auf ihn zu und bat in gebrochenem Abchasisch, ihn zu verstecken. Nach seinem Akzent konnte es sich nur um einen Tscherkessen handeln.

„Komm ins Haus!", reagierte rasch der alte Hanash und führte den Gast zügig in seine Pazcha. Dann lehnte er eine Leiter an die Wand und zeigte zum Dachboden. „Klettere hinauf, mein Freund. Richte dich im Heu ein und sei beruhigt, bei mir bist du in Sicherheit."

„Ich habe einen Menschen getötet", erzählte der junge Mann, „und nun verfolgen mich seine Freunde, um seinen Tod zu rächen."

„Warum hast du ihn denn getötet?", fragte Hanash. „Er hat mich tief beleidigt. Während der Reiterkunststücke schlug er mit seiner Lederpeitsche auf mein Pferd ein", erzählte der junge Mann. „Und wen hast du getötet?", fragte Hanash.

„Ich weiß es nicht. Ich bin zum ersten Mal in eurem Dorf ...", antwortete der Gast. In diesem Moment fing der Hund im Hof wütend zu bellen an und beide Männer wurden starr vor Angst. „Leise!", flüsterte Hanash, „Ich werde vorsichtig nachschauen." Und ging hinaus.

Weit vor dem Hügel sichtete er eine Menschenmenge, die sich langsam näherte. Dann traten die ersten durch das Tor. Nun sah der alte Hanash, dass die Menschen eine Burka trugen, in die der schwere Körper eines toten jungen Mannes gewickelt war. Plötzlich versagten ihm seine Beine den Dienst. Er erkannte die Burka und ihm wurde schwarz vor Augen. Es war wie ein Dolchstich in sein Herz. Aus der Menge sprach ein alter Kampfgefährte und Freund mit schneeweißem Haar:

„Nur Mut, Hanash. Heute hat dich ein großes Unglück ereilt. Aber es gibt nichts auf der Welt, dass mit der Zeit nicht geheilt wird. Du hast uns immer gelehrt: Je stärker der Charakter eines Menschen, desto stärker seine Selbstbeherrschung – besonders beim Leid. Heute hat ein unbekannter Tscherkesse deinen Sohn getötet!"

Zwei lange Tage und Nächte lag der leblose Körper seines Sohnes auf der Ottomane in seiner Pazcha. In diesen Tagen und Nächten zog sich der alte Hanash unter verschiedenen Vorwänden zurück, um auf den Dachboden zu klettern und dem jungen Tscherkessen Speise und Trank zu bringen.

Am dritten Tag wurde das Opfer von seinen Freunden beerdigt. Die Menschen kehrten in das Haus des alten Hanash Tzugba zurück und saßen bei ihm bis tief in die Nacht. „Wir wissen", begann einer der jungen Männer zu sprechen, der der engste und vertrauteste Freund von Hanashs Sohn Temur war, „dass wir alle deinen Sohn nicht ersetzen können. Aber wir teilen mit dir dein Leid. Jeden Tag werden wir dich besuchen, als ob unser Freund Temur immer noch lebt, und werden dir in allem behilflich sein."

„Wir geben dir unser Wort", fügte ein anderer so laut hinzu, dass es im ganzen Haus zu hören war, „dass wir uns an dem Mörder deines Sohnes rächen werden." Lange nachdem die Freunde gegangen waren, füllte Hanash eine Tasche mit Proviant, stellte die Leiter bereit und rief den jungen Tscherkessen vom Dachboden herunter. Als der Tscherkesse vor ihm stand, reichte ihm der alte Hanash mit zitternder Hand die Tasche mit Proviant.

„Nimm", sagte er, „hier hast du für zwei Tage etwas zu essen. Eile nach Hause, Gast. Durch den Wald bist du schneller am Gebirgspass. Die Nacht ist düster, niemand wird dich bemerken!" Der Gast verbeugte sich tief vor dem alten Mann, berührte mit den Lippen den Saum seines Mantels, richtete sich auf und ging, ohne noch ein Wort zu sagen, aus der Pazcha.

Übersetzung aus dem Abchasischen von Violetta Rudat (gekürzt)

Der Stein, der stets rollt, wird nie mit Moos bedeckt.

Miteinander leben – füreinander da sein

Die Menschen unterstützen einander, ob das eine Hochzeit ist, ein Krankheits- oder ein Trauerfall. Da wird der Betroffene nie alleine gelassen. Die Hochzeitsfeiern sind ohne Hilfe von Nachbarn, Freunden und Verwandten kaum möglich. Zu einer Hochzeit werden mehrere hundert Menschen, nicht selten sogar 1000 Gäste eingeladen. Für die Organisation der Hochzeit lädt der Vater des Bräutigams die Nachbarn und rüstige Verwandte ein, schlachtet einen Ochsen, veranstaltet ein Fest für die Helfer und bespricht die Hochzeitsvorbereitungen. Am Tag der Hochzeit wird im Vorgarten ein riesiges Zelt gebaut, lange Tische und Bänke aufgestellt. Draußen im Freien kocht in Kupferkesseln das Fleisch vom frisch geschlachteten Rind, in einem anderen Kessel kocht Polenta, der Maisbrei – das ist Männerarbeit. Die Frauen haben inzwischen für andere Leckereien gesorgt. Nun wird die Tafel gedeckt, die Festrede gehalten, die Feier eröffnet. Die Musikanten spielen zu Tanz und Gesang auf.

Die Menschen teilen nicht nur die Freude, sondern sind auch in der Trauer füreinander da. Wenn einer stirbt, sammeln alle Nachbarn, Verwandte und Freunde Geld und übergeben es den Hinterbliebenen, um die Beerdigung mitzufinanzieren. Die Toten werden mit Würde begleitet, große Trauergefolge sind nicht ungewöhnlich. Für die Trauernden wird anschließend eine Gedenktafel bereitgestellt, allerdings nur mit vegetarischen Gerichten: Bohnen, Käse, Brot, eingelegtem Gemüse; getrunken wird Wein oder Grappa nur auf den Toten, damit im Jenseits seine Seele Ruhe finde, und zum Trost auf die Hinterbliebenen.

Wird jemand krank, so besucht man ihn, bringt ihm etwas Besonderes zu essen mit, um ihm eine Freude zu machen. Man lenkt ihn feinfühlig von seinen Leiden ab, ermutigt ihn – eine durchaus hilfreiche „Medizin“ ...

Diese Lebensweise, von der ich Ihnen ein bisschen erzählt habe, ist für die Abchasen so etwas wie ein „Lebenskodex“, eine abchasische Philosophie des Lebens („Apsuara“). Von Kindesbeinen an werden sie in diesem Sinne erzogen und leben danach. Oft werden in „philosophischen“ Gesprächen oder Auseinandersetzungen Worte wie „álamys“ (was so viel wie „Gewissen“ bedeutet) oder „apchaschára“ (so viel wie „bescheiden bleiben“), „atschejdshika“ (wortwörtlich „Brot und Würze“, einer der Begriffe für Gastfreundschaft) oder „ápatu“ (so viel wie „Ehre und Achtung“) verwendet.

Einige dieser Lebensregeln sind:

Würdevolles Miteinander von Jung und Alt in gegenseitigem Respekt. Die Erfahrungen und der Rat der älteren Menschen sind bei den Jüngeren geschätzt. Die Kraft und die Leistungsfähigkeit der jüngeren Menschen sind bei den Älteren gefragt. Die Beziehung wird zum beidseitigen Nutzen geregelt.

Die Eltern wohnen bei ihren Kindern und Enkeln bis zu ihrem Tode. Es ist selbstverständlich, dass für sie gesorgt wird. Die Großeltern helfen dafür in ihren Familien, z. B. durch liebevolle Betreuung der Enkel.

Kinder stehen im Mittelpunkt aller Aufmerksamkeit und Zuwendung. Die Beziehungen zu ihnen werden durch Liebe und Achtung geregelt, Gewalt an Kindern ist unvorstellbar. Durch diese Zuneigung wachsen die Kinder viel ausgeglichener auf und können später die ihnen geschenkte Liebe ihren Eltern zurückgeben.

Die Älteren übernehmen in späteren Jahren einen anderen aktiven Platz im Leben der Familie. Sie treten nicht als Konkurrenten der Jüngeren auf, so findet kein „Generationenkampf“ statt. Die Alten helfen ihren Kindern und Enkelkindern.

Die Gastfreundschaft ist heilig. Ein Gast wird stets mit Würde behandelt, von allem wird das Beste zuerst dem Gast angeboten. Gleichzeitig zeigt sich ein Gast bescheiden und dankbar. Die Beziehung wird durch „álamys“ bestimmt.

Die verwandtschaftlichen Beziehungen, auch zwischen entfernten Verwandten, sind ein hohes Gut.

Anderen Menschen in ihrer Not zu helfen ist eine innere Pflicht. Die Pflicht zur Hilfe wird nicht durch das Gesetz bestimmt, sondern durch die Menschlichkeit und „álamys“ (das Gewissen).

Höflichkeit und Taktgefühl gestalten die täglichen Beziehungen. Wenn z. B. jemand einen Raum betritt, so werden sich alle Anwesenden zur Begrüßung kurz erheben, unabhängig von ihrer sozialen Stellung, von Ansehen oder Alter. Menschenwürde steht höher als Karriere.

Eine Frau, erst recht eine Mutter, ist stets mit Würde, Achtung und Respekt zu behandeln. In Anwesenheit einer Frau darf nicht geflucht oder schlecht gesprochen werden. Sich an einer Frau zu rächen, ist für einen Mann eine Schande. Eine Frau ihrerseits drängt sich in Gesellschaft nicht vor, sondern gewinnt Respekt durch ihre Klugheit und Würde im Benehmen. Auch gute Bildung bringt einer Frau Ansehen.

Ein Mann hat seine Verpflichtungen im Leben zu erfüllen und eine Frau die ihrigen, erst recht in einer Beziehung. Das Leben wird nicht durch Inanspruchnahme von Rechten geregelt, sondern durch die Erfüllung von Pflichten. Eine verheiratete Frau steht stets mit Liebe und Respekt ihrem Mann zur Seite; ein verheirateter Mann wird stets das Leben seiner Frau so angenehm wie möglich gestalten. Jeder Partner hat seinen Teil an Aufgaben zu erfüllen, unabhängig von der Wertigkeit. Hausarbeiten wie Saubermachen, Waschen sind nicht geringer zu schätzen als die handwerklichen Tätigkeiten wie Dachreparatur u. a. Alle Arbeiten lassen sich mit „ápatu“ ausführen.

Alle Lebewesen sind als Gottes Geschöpfe mit Achtung zu behandeln. Ein Tier darf nicht geschlagen und erst recht nicht aus Vergnügen getötet werden. Dies gilt auch für Jäger. Ein Tier zu respektieren bedeutet aber auch, es wie ein Tier zu behandeln und nicht wie einen Menschen. Ein Hund oder eine Katze haben z. B. nichts in einem Bett zu suchen.

Gute nachbarliche Beziehungen sind lebenswichtig. In der ersten Not ist der Nachbar der Nächste. Die Nachbarn kümmern sich im alltäglichen Leben umeinander. So gibt es praktisch kaum Einzelgänger und dass ein Mensch stirbt und monatelang in seiner Wohnung unentdeckt bleibt, ist undenkbar. Auch alle größeren Feste werden mit den Nachbarn zusammen gefeiert. So bilden sich eine Gemeinschaft und ein Netz sozialer Beziehungen heraus, von der alle Beteiligten profitieren.

Natürlich ist dieses zum Teil komplizierte Geflecht im Laufe vieler Generationen entstanden und manchmal schwer in Worte zu fassen. Doch viele einfache Regeln dieses Zusammenlebens sind allgemein gültig und könnten das tägliche Leben auch in anderen Ländern bereichern.

oben links: Im Herzen jung und lebensfroh
oben rechts: Der Volkssport Schach macht am Meer am meisten Spaß.
unten links: Angeln beruhigt Geist und Seele.
unten rechts: Unser Weindessert lieben vor allem die Kinder wie meine Nichte Linda.

Гагра

Sonnengereifte Trauben verwandeln sich in gehaltvollen Wein.

Kulinarisches Abchasien

Wein made in Abchasien

Abchasien ist ein altes Weinland und die Geschichte des abchasischen Weins ist lang. Dieses Stückchen Erde mit seinem subtropischen Klima beherbergt unzählige, woanders in der Welt nicht bekannte Weintraubensorten. Daher war und ist der Weinbau aus der Wirtschaft des Landes nicht wegzudenken. Die ältesten Zeugnisse für die Kunst der Weingärung stammen aus dem Westkaukasus. Hier fand man tönerne Weingefäße, die bereits vor 8000 Jahren zur Konservierung des Weines benutzt und dazu in die Erde eingegraben wurden. Der größte Tonkrug, der bisher in Abchasien gefunden wurde, war 151 cm hoch, 98 cm breit und hatte eine Öffnung von 37 cm. Er fasste ungefähr 200 Liter Wein. Diese Besonderheit, den Wein zur Reifung in Tonkrügen in der Erde zu vergraben, ist bis heute eine lebendige Tradition. Das verleiht dem Rebensaft ein eigenes erlesenes Bouquet. Daher hat fast jeder Abchase solche tönernen Weingefäße auf seinem Landgut. Der Wein war in der Antike und bleibt auch in der modernen Zeit eine Gottesgabe für die Menschen: er erfreut ihren Gaumen, er heilt sie, versetzt sie in heitere Stimmung – und wenn es ein guter Wein ist, befriedigt er die Sinne auf angenehmste Weise. Der Wein spielt eine große Rolle im religiösen und Alltagsleben, in den Sitten und Gebräuchen. Dem Wein wurde eine spezifische Kraft zugeschrieben, die ihn auch für Opfergaben wertvoll machte.

Einige unserer Weinsorten

Bis heute feiern die Abchasen das Neujahr als Familienfest nach altem christlichem Kalender vom 13. auf den 14. Januar. Am Abend des 13. Januar wird solch ein vergrabener Weinkrug geöffnet, eine Ziege geschlachtet oder für jedes Mitglied der Familie ein Hähnchen. Auch selbstgebackenes Käsebrot und andere Leckereien dürfen nicht fehlen. Das Oberhaupt der Familie nimmt Stücke der gekochten Leber und des Herzens auf einen kleinen Holzspieß, begießt diese mit dem Wein und betet zu Gott um seinen Segen und seine Gnade sowie Gesundheit und Glück für die Familie. Dann wird jedem ein Stückchen vom „gesegneten" Fleisch und ein Glas Wein gereicht. Die Frauen decken den Tisch mit allen Köstlichkeiten. Eine Karaffe, meist sogar mehrere, mit naturreinem Wein aus dem Tonkrug gehören auf jeden Fall dazu. Am nächsten Tag wird der Tisch von neuem genauso üppig wieder für die Nachbarn und Gäste gedeckt – jeder ist herzlich willkommen. So feiert jeder mit seinen Mitmenschen; es ist angenehme Pflicht, seinen Nächsten mit einem Glas Wein alles Gute zu wünschen. Dafür wird stets Rotwein bevorzugt: Die Volksweisheit besagt, dass Rotwein Kraft verleiht und das Blut eines Menschen verjüngt.

Diese Heilkräfte des Weins sind den Abchasen seit Urzeiten bekannt. So wird ein Wirt einem Wanderer, der an seinem Hof vorbeigeht, statt Wasser seinen Wein als stärkendes und anregendes Mittel anbieten.

Einer, der viel weiß, hat mehr Geduld. (abchasisch)

In solchen hübschen Flechtkörben kann man nicht nur Trauben aus höchster Höhe unbeschädigt zwischen den Zweigen herablassen.

Viele Behältnisse für Lebensmittel werden aus natürlichen Materialien hergestellt.

Gleichzeitig wird aber jeder geringgeschätzt, der eine übertriebene Leidenschaft zum Weintrinken entwickelt. Der Volksmund sagt: „Jeder muss seine Grenze kennen!"

Die Weinernte findet je nach Sorte von Oktober bis Dezember statt. In Abchasien ist es üblich, dass die Weinstöcke, besonders die schwarzen Trauben, neben bestimmten Bäumen wie Maulbeerbaum, Erle oder Nussbaum gepflanzt werden, damit die Reben immer höher zur Sonne klettern und die Trauben mehr Aroma, Saft und Zucker bilden können.

Weinernte ist Männersache. – Da fällt mir eine interessante Episode ein: *Der Schriftsteller J. Pristli wollte den 147 Jahre alten Schchangeri Bshania kennen lernen. Dieser war aber nicht zu Hause, sondern erntete gerade Weintrauben. Der Bürgermeister und der Schriftsteller kamen zu einem riesigen Nussbaum, an welchem die Reben empor rankten. Der Gast war überrascht, dass der alte Mann oben im Baum die Trauben erntete. „Komm runter, Schchangeri, du hast Gäste!", rief der Bürgermeister. „Herzlich willkommen, ich bin immer froh Gäste zu haben!", rief Schschangeri und schickte einen mit Weintrauben gefüllten Korb herunter. Dann kletterte er selbst hinterher, stoppte schließlich und sprang die zwei Meter bis zum Boden wie ein junger Bursche hinab. Das war der 147-jährige Schchangeri Bshania.*

Nach der Lese werden die Trauben ausgepresst, zu Most verarbeitet und der Most zum Wein. Die Trauben werden samt Stielen in einen Holztrog gelegt und für 4-5 Tage vergoren. Nach Beendigung der Gärung wird der junge Wein in Eichenfässer gefüllt oder in die Tonkrüge, die in der Erde vergraben werden.

Dem Himmel so nah

Aber auch der Trester wird zu einem Grappa gebrannt, der in Abchasien „Tschatscha" heißt und in der Volksmedizin sehr geschätzt wird. Diese Art Grappa wird auch aus Feigen, Mirabellen, Pflaumen, Birnen und anderen Früchten gebrannt und meistens als Aperitif mit Nüssen angeboten. Dennoch empfehle ich, mehr als ein oder zwei Gläschen nicht zu versuchen.

Um Wein herzustellen, kommt man in Abchasien ohne Desinfektionsmittel und andere Zusätze und Beimischungen aus.

Die Abchasen unterscheiden praktischerweise zwei Weinarten: Männerwein und Frauenwein. Männerwein ist gehaltvoll, harmonisch, elegant und hat Kraft – sagt man. Der Frauenwein ist fruchtig, süß und weich. Übrigens kann man in Abchasien unzählige Weinsorten entdecken, weil jedes Dorf ein eigenes Bodenklima und eine spezifische Lage für den Weinanbau hat. Dörfer wie Aschandara, Lichny und andere sind für besonders aromatische und gehaltvolle Weinnoten bekannt. Bei ca. 60 Traubensorten, die in Abchasien gezogen werden, ist es auch kein Wunder, dass es eine so große Vielfalt an Weinspezialitäten gibt. Markenweine wie Anakopia, Lichny, Radeda, Tauadaa, Psou, Buket Abchasii und andere sind bekannt und beliebt.

Fleisch und Fisch

In Abchasien werden besonders Hausgeflügel (Hühner und Puten), aber auch Rind- und Ziegenfleisch sowie Wild geschätzt.

Meist kocht man das Fleisch und serviert es mit scharfen Saucen sowie Polenta. Wenn jedoch ein besonderer Gast kommt, dann wird zu seiner Ehre eine Ziege, ein Kalb oder eine Pute frisch geschlachtet. Das Fleisch wird sofort zerteilt und ungewürzt in einem großen Kessel über offenem Feuer gekocht.

Dieses so zubereitete Fleisch besitzt einen einzigartigen und wunderbar natürlichen Geschmack, der nicht durch Gewürze verfälscht ist. Es ist sehr gesund und wird besonders Kindern und älteren Menschen angeboten.

Angst ist die Quelle allen Unheils, tapfer sein ist ein halber Sieg. (abchasisch)

So räuchert man Fisch und Fleisch über Mandarinenholz.

Auch aus Innereien werden ganz leckere Gerichte zubereitet. Nachdem sie gründlich gewaschen und klein geschnitten wurden, schmort man die Innereien zusammen mit frischen und aromatischen Kräutern. Steht dann das fertige Gericht auf dem Tisch und der verführerische Duft steigt empor, kann man nicht mehr lange still sitzen.

Ebenso gern wird Fleisch geräuchert und für den Winter aufbewahrt. Räucherfleisch schmeckt besonders gut und wird bis heute in jedem Nationalitätenrestaurant angeboten. Die Abchasen räuchern neben Rindfleisch auch Hirsch, Rehbock, Hühner, Puten und Wildenten sowie Käse. Das Fleisch wird zum Räuchern von den Knochen befreit und in längere, nicht zu breite Stücke geschnitten. Dann das Fleisch salzen und zwei Tage lang kühl lagern. Vor dem Räuchern kurz in kochendes Wasser tauchen. Dieser Vorgang verleiht dem Fleisch eine angenehme Farbe und konserviert es auf natürliche Art. Dann auf einem Gitterrost liegend oder an einem Haken zwei bis drei Meter hoch über dem Feuer hängend, eine Woche lang räuchern. Das Fleisch zieht langsam durch und wird mit dem milden Aroma des Rauches veredelt. Nun kann das geräucherte Fleisch in Stücke geschnitten und zubereitet oder nach längerer Lagerung kurz angebraten bzw. gegrillt werden. Dazu schmecken sehr gut Polenta mit Mirabellensoße und frischen Kräutern, aber auch sonnengereifte Tomaten und Gurken.

Mein Mann war so begeistert von dem so wohlschmeckenden, geräucherten Rindfleisch, dass er in Berlin einen Räucherversuch startete. Mit Erfolg!

Obst, Gemüse und fruchtig-pikante Beerensaucen

Auch am Spieß gegrilltes Fleisch ist sehr beliebt. Zicklein, Puten oder Hühner werden gerne mit Innereien (klein gehacktes Herz, Leber und Nieren), Kräutern und Frischkäse gefüllt und auf dem Spieß gebraten. Das berühmte Schaschlik ist hier auch zu Hause. Das Besondere beim Spießbraten besteht darin, dass das Fleisch nach und nach mit gewürztem Granatapfelsaft begossen wird. Das Fleisch nimmt eine zartrote Farbe an und bekommt einen unverwechselbaren Geschmack.

Wenn auch Fleisch beliebt ist, isst man es in Maßen. Meist zu Feiertagen, zu besonderen Ereignissen oder wenn Gäste zu Besuch kommen, was bei uns allerdings oft der Fall ist.

Fischgerichte nehmen in der abchasischen Küche einen relativ bescheidenen Platz ein. Dabei gibt es verschiedene Arten von Barben, Hausen, Heringen, Karpfen und in Hochgebirgsflüssen die Forellen mit erlesenem Geschmack, ohne den spezifischen Fischbeigeschmack aus den industriellen Zuchtanlagen. Der Fisch wird mit den gleichen Zutaten und Saucen zubereitet wie das Fleisch.

Eine gut getane Arbeit bleibt nicht ohne Spuren. (abchasisch)

Eine hungrige Biene im Landeanflug

Kerzenkunst aus Bienenwachs

Gemüse

In der Alltagsernährung der Abchasen, auch der Hundertjährigen, spielen Gemüsegerichte, vor allem Bohnen, Auberginen mit immer anderen Zutaten und Gewürzen, die Hauptrolle.

Zum Tisch gehört Rohkostsalat aus Tomaten, Gurken, scharfen Peperoni, rotblättrigem Oregano und Koriander, grünem Lauch, Porree, grünem Knoblauchlauch und selbst eingelegtes Gemüse (wie Peperoni, Kohlrabi, Gurken, Kohl, Topinambur u. a.). Das eingelegte Gemüse wird meist zu den Bohnengerichten angeboten.

Auch Salate aus gekochtem Gemüse, gewürzt mit Nusssaucen, sind sehr beliebt. Die abchasische Küche ist ohne Nüsse undenkbar. Am häufigsten verwendet man Walnüsse. Die Walnussbäume sind den Abchasen, ebenso wie den alten Griechen, heilig, sie wissen um die wohltuenden Wirkungen der Walnüsse auf Herz und Nerven. Wenn gerade kein Gericht mit Nüssen auf dem Tisch steht, essen die Abchasen bis zu sieben Walnüsse am Tage, damit senken sie das Herzinfarkt-Risiko. In der richtigen Menge genossen, sind Nüsse gesunde Energiespender für jung und alt. Walnüsse sind typisch für Würzen und Saucen, die gut zu Geflügel, Gemüse und sogar zu Fisch passen.

Honig – kaukasisch

Schon in antiker Zeit war der abchasische Honig wegen seiner besonderen Qualität weit über die Grenzen des Kaukasus hinaus berühmt und wurde in historischen Werken beschrieben. Auch im Mittelalter hat Abchasien seinen Honig in viele Länder exportiert.

Das milde, subtropische Klima begünstigte die Entwicklung einer reichen, üppigen Pflanzenwelt, die zur Entstehung einer besonderen Honigbienenrasse, der Apis mellifera Caucasica, führte. Diese Bienen werden wegen ihrer extremen Sanftmut und ihres außergewöhn-

Achte die Alten, wenn du jung bist, damit du geachtet wirst, wenn du alt bist. (abchasisch)

Der Honig-König bei einer Probe

Auch seltene Honigsorten gibt es bei uns: Tabakhonig, Maihonig, Kastanienhonig …

lich langen Rüssels gelobt, mit dem sie auch den tief verborgenen Nektar sehr langer Blüten ernten können, der für die Europäische Honigbiene nicht zugänglich ist. Dadurch gewinnt der abchasische Honig ein ungewöhnlich volles und reichhaltiges Aroma. Neben den verschiedenartigsten Blumen liefern auch ca. 80 Baum- und Straucharten für diese Bienen den Nektar. Das ganze Jahr über können die Bienen Nektar sammeln. Schon ab Mitte Dezember beginnen einige Bäume ihre süße Gabe anzubieten und auf den Berghängen blühen schon ab Februar duftende Pflanzen. Bereits im Frühling ziehen daher die guten Imker mit ihren Bienenstöcken auf die Berge. Der gewonnene Honig ist aromatisch und unvergleichlich im Geschmack, als ob er alle Düfte dieser Gebirgswelt in sich vereint.

Der beste Honig kommt aus dem Bergdorf Pszchu, einer kleinen Ansiedlung mit nur 60 Familien, die abgelegen von der Zivilisation leben und sich vorwiegend von ihrer Landwirtschaft ernähren. Ihr besonderer Honig wird seit jeher von Bienenvölkern gewonnen, die auch in naturbelassenen Baumhöhlen ihre Waben bauen. Einmal im Monat werden die Dorfbewohner per Hubschrauber mit notwendigen Dingen versorgt. Auf dem gleichen Wege gelangt der Honig zum Verkauf auf die Märkte.
Da die Bienen wertvolle kaukasische Heilpflanzen „besuchen“, schätzt man an unserem Honig auch dessen starke Heilkräfte.
So ist unser Honig ein besonderer Nährstoff, der in der Küche einen festen Platz einnimmt. Auch viele Naturheilmittel der Volksmedizin werden mit Honig hergestellt.
Selbstverständlich finden Sie in diesem Buch Rezepte mit Honig.

Auch die russische Babuschka mag abchasischen Joghurt.

oben: Selten und begehrt – Büffeljoghurt
unten: Abchasischer Frischkäse ist ein besonderer Genuss.

Milcherzeugnisse

Ein besonderes Phänomen ist der kaukasische Joghurt, den die Abchasen „Achartschwi“ nennen. Bei anderen Völkern ist er unter der georgischen Bezeichnung „Mazoni“ bekannt geworden. Joghurt ist vor allem wertvoll für die Ernährung von Kindern und älteren Menschen und gehört zum täglichen Essen. Nach dem Frühstück und nach dem Abendessen wird er meist mit Honig angeboten. Der Joghurt besteht in der Regel aus Kuhmilch; Joghurt aus Büffelmilch oder aus Ziegenmilch wird besonders geschätzt.

Genauso wie dem Honig werden auch dem Joghurt besondere Heilkräfte zugeschrieben, so wirkt er z. B. beruhigend auf Magen und Darm. An heißen Sommertagen wird der Joghurt auch gern mit kühlem Quellwasser vermischt getrunken. Das löscht vorzüglich den Durst und erfrischt den Geist. Nicht umsonst heißt es in Abchasien: „Wenn du länger leben willst, musst du Joghurt essen“. Als besonders hilfreich wird Joghurt auch bei Sonnenbränden eingesetzt. Dazu wird er einfach auf die betroffenen Hautstellen aufgetragen.

Bei Erkältungen und Atemwegsbeschwerden wird Ziegenmilch mit Honig getrunken, was schnelle Linderung verschafft. Übrigens, wenn wir schon bei Erkältungen sind: Jede Hausfrau hat etwas Ziegenfett im Kühlschrank. Dieses wird in etwas Milch erwärmt und mit Honig vermischt. Wenn man Brust und Rücken damit einreibt, ist die Erkältung rasch kuriert.

Durch verschiedene Räuchermethoden erhält man ein breites Spektrum verschiedener Käsesorten. In heißer Polenta entwickeln sie ihr spezifisches Aroma.

Käse

Käse gehört unbedingt zur abchasischen Küche. Aus Milch und Labenzym wird ein weicher Frischkäse hergestellt. Es ist eine milde Käsesorte mit Sauermilchgeschmack, den man am besten mit italienischem Mozzarella vergleichen kann. Aus diesem Frischkäse stellt man den berühmten Käse „Aschw" bzw. „Sulugun" her. Auf den bunten Bauernmärkten steigt dem Besucher schon von weitem der aromatische Duft der frischen und geräucherten Käselaibe in die Nase, die sich auf den Tischen zu wahren Bergen türmen. An jedem Stand wird stolz Käse zum Probieren angeboten und es ist nicht leicht, sich für einen zu entscheiden – denn jeder ist natürlich der „Beste". Diese Käse werden von den einheimischen Bauern produziert, doch ist auch jede Hausfrau in der Lage, für ihre Familie Käse selbst herzustellen. Käse findet in Abchasien bei der Zubereitung von warmen Vorspeisen und auch Hauptgerichten vielfältige Verwendung. Er wird in Teig gebacken oder gebraten, in Milch gekocht, in der Pfanne gebraten, über dem Feuer geräuchert, mit Gewürzen und Walnussöl vermengt oder am Spieß gegrillt.

Da unser Käse mit 20-30 % Fettanteil relativ fettarm ist, ergänzt er hervorragend die tägliche gesunde Ernährung, was auch die außergewöhnlich hohe Lebenserwartung meiner Landsleute bestätigt.

Natürlich stellen wir auch den Quark selbst her. Dafür wird die Molke des fertigen weißen Frischkäses kurz aufgekocht, in einen Mullbeutel gegossen und aufgehängt. Die Masse, die im Beutel verbleibt, heißt „Achatscha". Sie schmeckt angenehm frisch und mild.

Abchasien ist wirklich ein Beerenparadies.

Aus Brombeeren wird eine besonders fruchtige Sauce für helles Fleisch zubereitet.

Käse wird gern mit Maisbrei (Polenta) gegessen. Pikant geräuchert oder frisch und zart, wird er in Scheiben geschnitten und auf den Tisch gestellt. Dann drückt man die Käsescheiben in die heiße Polenta und wartet, bis der Käse anfängt zu schmelzen. Dabei entfaltet er sein besonderes Aroma am besten.

Eine schöne Tradition wird von den Hirten gepflegt. Im Sommer gehen sie mit ihren Kühen und Ziegen auf die Berge. Die Luft tut nicht nur den Menschen, sondern auch den Tieren gut. Das ist sozusagen „Urlaub" bis zum Herbst. Diese Zeit nutzen die Hirten, um aus der aromatischen Milch der ausgeruhten Kühe einen wunderbaren Käse zu machen. Manchmal wird er sogar geräuchert und schmeckt dann am allerbesten. Da lohnte es sich, den ganzen Sommer über auf die Käseausbeute zu warten.

Saucen

Ähnlich der französischen Küche ist die abchasische Küche ohne Saucen undenkbar. Aber unsere Saucen basieren nicht auf einer Mehlschwitze. Die Grundlage sind Beeren, die eine pikant-fruchtige Säure besitzen. Dazu werden die Beeren manchmal sogar vor ihrer endgültigen Reife verwendet, wie z. B. Mirabellen oder auch Brombeeren. Diese kalten Beerensaucen werden noch mit frischen Küchenkräutern veredelt.

Erholung ohne Arbeit gleicht einem faden Essen. (abchasisch)

Es gibt eine große Auswahl an Gewürzen, verwendet werden sie aber sparsam.

Zu den meistverwendeten Küchenkräutern gehören Korianderblätter, Basilikum, scharfe Peperoni, Estragon, Safran, Oregano, eine Art Dill („Akama"), eine Art Bohnenkraut („Azibra") und Minze.

Weit verbreitet sind die Nusssaucen aus zerstoßenen Walnüssen, manchmal auch aus Haselnüssen, die mit Fleischbrühe oder mit abgekochtem Wasser bzw. Granatapfelsaft verrührt und pikant gewürzt werden. Zu den Trockengewürzen gehören gemahlene Koriandersamen, Oregano, Safran und das georgische Gewürz Chmeli-Suneli. Früchte oder Beeren werden kurz aufgekocht, mit den zerstoßenen Nüssen und der unerlässlichen Adshika-Paste vermischt. Hier im Buch beschreibe ich Ihnen eine Grundvariante für diese Adshika. Natürlich hat jede Hausfrau in Abchasien „ihr" Familienrezept mit ganz spezifischen Zutaten. Doch sicher besteht die Kunst, wie so oft im Leben, im Reduzieren auf das Wesentliche und man kann je nach persönlichem Geschmack durch Variation der Zutaten die Würzrichtung bestimmen. Durch das Variieren der Saucen ergibt sich schließlich die Vielfalt der Gerichte.

Mais- und andere Mehlprodukte

Zu allen Gerichten und Saucen wird in Abchasien aus Borstenhirse oder Mais eine breiartige Masse, „Abista"-Polenta, gereicht. Die Polenta wird nur aus Wasser und Mehl gekocht, aber kombiniert mit geschmacksintensiven Saucen darf sie kaum auf dem Tisch fehlen. Polenta selbst ist eher geschmacksneutral, sie dient dem Sattwerden.

Erst durch das Sieben wird das Mehl richtig fein.

Brot gibt es auch bei uns in vielen Sorten.

Es wird natürlich auch Brot gebacken. Aus Maismehl und Molke wird der Teig geknetet und mit oder ohne Füllung in der Pfanne gebraten. Ich erinnere mich an ganz besondere Maisfladen, ein Rezept meiner Mutter. Sie hat in den Mais-Molke-Teig noch weiche Sorten der Sharon-Frucht gemischt. Dies gab dem Brot ein fruchtiges Aroma.

Besonders lecker schmeckt Lawasch, ein dünnes Fladenbrot aus Hefeteig. Dieses wird an den heißen Innenwänden von fest gemauerten Keramikrundöfen gebacken.

Das Käsebrot „Atschaschw" auf abchasisch (bzw. „Chatschapuri" auf georgisch) ist bekannt in allen benachbarten Ländern. Den Hefeteig, den Joghurtteig oder den Blätterteig füllt man mit mild gesalzenem Frischkäse und bäckt ihn im Ofen oder brät ihn in der Pfanne.

Die Kuchentradition war bei uns früher eher bescheiden, aber heute wird gerne zu Feiertagen, zu Geburtstagen, zu Hochzeiten, aber auch zum Gedenken der Toten, eigentlich zu jedem feierlichen Anlass, gebacken. Inzwischen versuchen die jungen Frauen, sich gegenseitig in ihren Backkünsten zu übertreffen. So entstehen manchmal richtige kleine „Konditoren-Kunstwerke".

Früher haben die Abchasen mit Hirsemehl gebacken, leider wurde das später durch Weizenmehl ersetzt. Aber die gesunde, mit Kieselerde angereicherte Hirse hat mich neugierig gemacht und so habe ich auch alte Rezepte ausprobiert – mit Erfolg!

Unsere Spezialität ist Lawasch – ein Fladenbrot aus besonderer Herstellung.

Die Tarchum-Kräuter geben ein erfrischendes Sommer-Getränk.

Mit Hirse und Honig zubereitete Kekse haben die Hirten und Jäger früher als Proviant mitgenommen. Das geröstete Mehl nimmt man auch heute unter anderem als Proviant mit und isst es verrührt mit Milch oder Joghurt.

Kräuter

Im Laufe der Jahrhunderte blieb die abchasische Küche ihren Traditionen treu und entwickelte sich aus sich selber heraus weiter. Die abchasische Küche, wie eigentlich die Küche im gesamten Kaukasus, ist unvorstellbar ohne frische Küchenkräuter, die den Speisen ihren spezifischen Geschmack geben, sie zudem aber auch haltbar machen und ihre Bekömmlichkeit fördern. Jedes Gericht oder jeder Salat wird durch Küchenkräuter noch besser und wohlschmeckender. Die Kräuter sollen den Geschmack und das Aroma der Hauptzutat unterstützen und hervorheben, doch nicht überdecken. Die Gewürzkräuter werden frisch, getrocknet oder als Würzzubereitungen verwendet. Sie können einzeln oder auch in Kombination eingesetzt werden.

Die Würzkunst der abchasischen Küche besteht darin, nicht einen brennenden Geschmack, sondern vielmehr einen würzig-aromatischen und belebenden Effekt zu erzeugen. Das einzig wirklich „feurige“ Gewürz ist Paprika, deren Schärfe auf dem Inhaltsstoff Capsaicin beruht, der übrigens auch interessante pharmazeutische (antibakterielle) Eigenschaften besitzt.

Oliven- oder Nussöl mit frischem Koriander schmeckt am besten zu Lawasch.

Aus diesen Paprikaschoten, etwas geräuchert und getrocknet, entsteht unsere berühmte Adshika-Paste.

Er wird, wie auch Knoblauch, von den Abchasen wohl regelmäßig, aber nicht übertrieben verwendet. Er ist oft die Hauptkomponente in den Gewürzmischungen und wird fast immer zusammen mit zerstoßenen Nüssen verwendet, die das ursprüngliche Brennen und die Schärfe im Geschmack abschwächen sollen.

Zu den frischen Küchenkräutern gehören Korianderblätter, Basilikum, Estragon, Petersilie, Dill, Minze u. a. Zu den Trockengewürzen gehören Paprika, Koriandersamen, Safran, Oregano, Bohnenkraut und die Gewürzpaste Adshika, die zu einem wesentlichen Teil aus scharfem Gewürzpaprika besteht. Diese roten Paprikaschoten wachsen in den Gärten und hängen auf dem Lande vor fast jedem Hauseingang oder in den Wirtschaftsküchen. In der Regel werden sie zu langen Zöpfen geflochten und zum Trocknen aufgehängt. Diese scharfen Paprikaschoten benötigt jede abchasische Hausfrau für ihre pikante Küche.

Ein weiteres wesentliches Gewürzkraut der abchasischen Küche ist der Koriander. Er ist die häufigste Komponente im Gewürzbouquet. In Abchasien verlässt kaum ein wohlschmeckendes Gericht die Küche, ohne dass es zuvor mit Korianderblättern garniert wurde. Die frischen Blätter schmecken und duften fruchtig, ihr Aroma erinnert an Ingwer. Neben den frischen Blättern und Stängeln werden auch die Koriandersamen verwendet, die ein süßes, ziemlich kräftiges Aroma mit einem feinen Anflug von Pfeffer auszeichnet.

So kochen wir traditionell in heißem Sand unseren Kaffee – ein echter Genuss.

Unser Tee kommt aus eigenem Anbau und zeichnet sich durch eine besondere Frische aus.

Getränke

Meistens kochen die Abchasen frisch, für die einmalige Verwendung. Es wird üppig gefrühstückt mit Polenta, Käse, Joghurt, Käsebrot, Honig, evtl. auch Tee. Das Mittagessen ist eher bescheiden, wahrscheinlich bedingt durch die heißen Tage. Es wird etwas Leichtes serviert, wie Käsetaschen mit Honig, Polenta mit Käse gekocht, Salate u. a. Abends dann ist eine gesellige Runde angesagt, wieder wird Polenta gekocht, dazu Käse, Bohnen, Geflügel, Joghurt, was man eben so hat. Zu Geflügel, Fleisch oder Fisch gehört eine Karaffe Wein. Sonst werden generell nur Quellwasser, Mineralwasser oder selbst hergestellte Obstgetränke gereicht. Bei Klein und Groß sind Birnen- und Mandarinenlimonade der abchasischen Fabrikproduktion beliebt.

Kaffee wird hier sehr gerne getrunken, allerdings gekocht in Keramik- oder Metallkännchen mit langem Stiel auf heiß gemachtem Sand, wohlriechend und vorzüglich schmeckend. Er wird auch mit einem Stück Schokolade angeboten. Kaffee ist dann gut gekocht, wenn in der Tasse eine helle Schaumblume entsteht. Man trinkt ihn gern nach dem Essen wie die Italiener den Espresso. An heißen Tagen wird auch Cafe glacè getrunken.

Unter blauem Himmel und intensiver Sonnenstrahlung gedeihen hier die besten Teesorten der Schwarzmeerküste, die sich durchaus mit dem indischen und dem ceylonesischen Tee messen können. Tee wurde in Abchasien erst im Jahre 1848 aus China eingeführt. Teetraditionen wie in England oder Japan gibt es in Abchasien allerdings nicht. Wenn man bei uns dem Besuch einen Tee anbietet, bekommt man oft die Antwort: „Wir sind nicht krank.“

Feichoa sieht unscheinbar aus, ist aber eine wunderbar aromatische Frucht.

Tee wird oft noch als Heilmittel angesehen, aber langsam hat er sich auch als Frühstücksbegleiter durchgesetzt. Der einheimische Tee zeichnet sich durch ein feines Aroma, einen angenehm herben Geschmack und eine klare goldene Färbung aus. Vielleicht gibt es auch bei uns bald einmal gemütliche Teestuben, in denen die einheimischen Teesorten mit dem berühmten Honig und leckerer Walnusskonfitüre zu probieren sind.

Früchte aus dem „Garten Eden“

In Abchasien haben sogar solche exotischen Früchte wie Feichoa und Kiwi ihre zweite Heimat gefunden. Die Feichoa hat eine gewisse Ähnlichkeit mit der Guave. Sie ist ein Strauch, der ursprünglich aus Südamerika kommt, inzwischen aber vor allem in Neuseeland und im Westkaukasus, aber auch in Spanien und Italien angebaut wird. Die Blüten sind weißlich mit langen roten Staubgefäßen in der Mitte. Die Sträucher blühen im Sommer und sehen sehr dekorativ aus. Die Früchte werden im November geerntet. Sie haben die Form von kleinen Kiwi mit einer glatten grünen Oberfläche und weißlichem Fruchtfleisch, das nach Ananas, Quitte und Erdbeere schmeckt. Feichoa sind sehr erfrischend und reich an Jod und Vitamin C. Wegen ihres besonderen Aromas und der Heilwirkung gehören sie zu den teuersten Früchten auf dem Markt. Gern wird aus diesen Früchten eine Marmelade zubereitet, für die man die Früchte durch den Fleischwolf dreht und ohne zu kochen mit Zucker vermischt in Gläsern aufbewahrt.

So übervoll kann ein Mandarinenbaum im Herbst sein.

Eigene Ernte ist der Stolz jedes Bauern und Gärtners.

Im Sommer ergibt ein Esslöffel voll Feichoa-Marmelade auf ein Glas kaltes Wasser ein sehr erfrischendes Getränk. Auch zu Kompott werden die Feichoa gern verarbeitet.

Wie jedes Land hat auch Abchasien seine eigene landwirtschaftliche Spezialität – den Exportschlager Mandarinen. Solche saftigen und wohlriechenden Mandarinen wachsen nur dort. Mandarinen aus anderen Ländern vergleiche ich stets mit unseren aus Abchasien und suche ihr spezifisches Aroma. Ich erinnere mich daran, wie wir jedes Jahr zu Weihnachten den Tannenbaum damit schmückten, ähnlich wie in Deutschland dafür manchmal Äpfel verwendet werden.

In günstigen Lagen können Familien, die einen Mandarinenhain besitzen, ca. 5-8 t Mandarinen ernten. Zur Erntezeit werden sie überall verkauft, am Straßenrand, aus den Autos heraus, an Kiosken, auf den Märkten. In diesen Wochen ist die dominierende Farbe im Land natürlich Orange. Doch auch andere Zitrusfrüchte wie Zitronen, Apfelsinen und Grapefruits werden angebaut.

Khakipflaumen gibt es hier ebenfalls, sogar in mehreren Sorten. Die beliebteste Sorte ist die Königskaki mit schokoladefarbenem und bissfestem Fruchtfleisch. Sie werden gern frisch gegessen, aber auch in der Sonne getrocknet und dann als Leckerei verkauft.

Tue was Gutes und wirf es ins Wasser – es geht nicht verloren.

(abchasisch)

Mirabellen, Mispeln, Weintrauben und Sharonfrüchte

In den Gärten findet man häufig Feigenbäume, meist grüne und schwarze Sorten. Die frischen Feigen direkt vom Baum zu pflücken (am besten, wenn die Fruchthaut erste Risse zeigt) und an Ort und Stelle zu naschen ist wirklich ein Genuss.

Auch Bananenstauden wachsen hier, obgleich die Früchte nicht reif werden. Die dafür benötigten 320 Sonnentage werden in Abchasien nicht ganz erreicht – wir haben 220!

Viele weitere Obstsorten wachsen hier wie Maiäpfel, Champagneräpfel, Mispelfrüchte, Kornelkirschen, Lorbeerkirschen, Bonbonbirnen, Granatäpfel, verschiedenste Sorten von Quitten, Kirschen, Pfirsichen, Aprikosen, Pflaumen und noch viele weitere. Und die Melonen nicht zu vergessen! Wassermelonen können bis zu 25 kg wiegen. Wenn sie frisch geerntet und aufgeschnitten sind, duftet das ganze Haus.

Angesichts dieser Fruchtfülle ist es nicht vermessen, vom „Garten Eden“ zu sprechen …

Zitronen
Weiße Maulbeeren
Die Frucht des Jahres – der Granatapfel

REZEPTE

Die Küche der Langlebigen

Vorspeisen und Salate

Adshika (Rote scharfe Paprikapaste)

- 500 g rote scharfe Paprikaschoten (kein Gemüsepaprika!)
- 50 g Walnusskerne
- 200 g Salz
- 6 geschälte Knoblauchzehen
- 15 g Koriandersamen
- 10 g Dill
- 10 g Oregano
- 1 Bund Koriander

Die scharfen Paprikaschoten waschen, Stiel und Kerne entfernen, durch den Fleischwolf drehen. Dann die anderen Zutaten beimengen und gut durchmischen. Anschließend die Masse nochmals durch den Fleischwolf mit kleiner Vorsatzscheibe geben. Nun ist die Adshika fertig.

Im Kühlschrank ist sie über ein Jahr haltbar. Sie wird, sparsam eingesetzt, für viele Fleisch-, Fisch- und Gemüsegerichte und Zubereitungen verwendet.

Die Adshika ist so grundlegend für die abchasische Küche, dass es heißt: „Die Adshika-Dose soll niemals leer sein."

Steht Ihnen keine Adshika zur Verfügung, können Sie als Basis eine scharfe Paprikaschote, eine Knoblauchzehe, drei Stängel Koriander und etwas Salz mixen.

Grüne Adshika

- 200 g grüne scharfe Paprikaschoten
- 100 g Salz
- 1 Bund frische Minze
- 1 Bund Bohnenkraut
- 2 Bund frischen Koriander

Die grüne Adshika wird ebenso wie die rote Adshika zubereitet. Sie zeichnet sich jedoch durch ein frischeres kräftiges Aroma aus. Sie wird hauptsächlich zum Würzen von frischem Käse, Joghurt oder auch als Brotaufstrich mit Olivenöl verwendet, wo man einen eher frisch-scharfen Kräutergeschmack erzielen möchte.

Die Salate lassen sich in zwei Gruppen einteilen: Salate, die entweder aus frischem oder aus gekochtem Gemüse zubereitet werden. Die aus gekochtem Gemüse hergestellten Salate werden in der Regel mit Walnuss-Gewürzkräuter-Mischungen kombiniert.

Baby-Bohnen-Walnuss-Salat

- 500 g zarte grüne Schnittbohnen
- 150 g Walnusskerne
- 2 Zwiebeln
- 2 Knoblauchzehen
- je 1 Bund Koriander und Basilikum
- Saft von einem Granatapfel
- 1 TL Adshika oder 1 scharfe Paprika fein gehackt
- 3 Zweige Bohnenkraut

Die grünen Bohnen brechen und mit dem Bohnenkraut in leicht gesalzenem Wasser gar dünsten. Dann in einem Sieb abtropfen, in eine Schüssel geben und abkühlen lassen. Dabei die Flüssigkeit der gedünsteten Bohnen ausdrücken und in einer Schüssel die Bohnen mit der Hand zu einer einheitlichen Masse zerdrücken.

Die Walnüsse mit dem gehackten Knoblauch, Zwiebeln, Koriander, Basilikum und Adshika oder scharfem Paprika in einem Mörser zerstoßen. Den Granatapfel vorsichtig halbieren, ein paar Körner zum späteren Dekorieren entnehmen und die beiden Hälften entsaften. Den so gewonnenen Saft zur Gewürzmischung geben, mixen und dann unter die Bohnen heben. Alles gut mit der Hand vermengen.

Auf einem Teller mit Zwiebelringen und den Granatapfelkörnern verzieren.

Dazu passt Polenta; es schmeckt auch als Brotaufstrich oder zu Türmchen geformt als Beilage zu dunklem Fleisch.

Maisfladen

- 100 g Maismehl
- 1 l Wasser
- 1 EL Salz
- Maisöl zum Braten

Das Mehl in eine Backschüssel geben, in einem Gefäß mit Wasser das Salz lösen und langsam das Salzwasser zum Mehl geben, dabei ständig rühren, bis ein Teig entsteht.

In einer Pfanne das Öl erhitzen und mit dem Löffel kleinere Portionen in die Pfanne geben, beidseitig goldbraun braten.

Im Sommer werden frische junge Maiskolben auf dem Markt, am Strand, sogar am Rand der Straße für Autofahrer gekocht angeboten. Noch besser schmecken junge Maiskolben am Spieß über Holzkohle langsam drehend gegrillt – ein Erlebnis für den Gaumen. Dazu reicht man Walnüsse. Genüsslich knabbern besonders die Kinder am gegrillten Mais.

Weißkohlsalat mit Safran und Walnüssen

- 1 kg Weißkohl
- 200 g gemahlene Walnüsse
- 2 Knoblauchzehen
- 2 Zwiebeln
- 1 Bund Koriander oder Petersilie
- 1 TL Adshika
- 1 Messerspitze Safran
- 3 EL Weinessig

Vom Weißkohl die äußeren Blätter entfernen, den Kohlkopf vierteln, den Strunk aus den Teilen herausschneiden und den Weißkohl in leicht gesalzenem Wasser 20 min dünsten. Dann die Kohlviertel aus dem Wasser herausnehmen, abtropfen lassen und nach dem Abkühlen die restliche Flüssigkeit ausdrücken. Dann mit der Hand zu einer einheitlichen Masse zerdrücken.

Die Zwiebeln und den Knoblauch klein schneiden, die grünen Kräuter hacken und zusammen mit den Walnüssen, dem Safran und Adshika zerstoßen. Dann den Weinessig zugeben und verrühren.

Diese Mischung gründlich mit dem Weißkohl vermengen.

Nun kann der Salat auf einem Teller serviert und mit ein paar grünen Korianderblättern verziert werden. Dazu passt Brot; er kann aber auch als Beilage gegessen werden.

Maronen-Walnuss-Salat

- 500 g Maronen
- 150 g Walnusskerne
- Adshika oder 1 scharfe Paprika

Die Maronen in einer Pfanne erhitzen, die Schale einschneiden und in kochendem Wasser weitere 7 min kochen. Dann aus dem Wasser herausnehmen, schälen und pürieren. Die Walnusskerne mit Adshika bzw. der Paprika in einer Schüssel zerstoßen oder zusammen durch einen Fleischwolf geben. Wenn Sie die so gewonnene Masse über einer Schale zusammendrücken, können Sie 1-2 Esslöffel rotes Walnussöl gewinnen.

Diese Mischung gut unter die Maronen heben. Falls vorhanden, kann mit Granatapfelkernen und Walnussöltropfen verziert werden.

Maronen haben einen ausgleichenden Effekt auf das Nervensystem. In Abchasien sagt man, dass die Maronen einen übersäuerten Organismus wieder ins rechte Lot bringen. Auch Hildegard von Bingen schreibt: „Und wem das Gehirn durch Trockenheit leer ist und der daher im Kopf schwach wird, koche die Früchte in Wasser ohne weiteren Zusatz. Er soll sie oft vor und nach dem Essen einnehmen, und sein Gehirn wächst und wird wieder gefüllt und seine Nerven werden stark."

Obwohl die abchasischen Maronen wild im Wald wachsen, zeichnen sie sich durch ihre Größe, ihren festen Biss und ihr kräftiges Aroma aus. Die Nutzung der Maronen ist seit der Antike bekannt. Sie werden gekocht oder geröstet verzehrt, aber auch als Zutat zu Gerichten verwendet.

Rote Bete-Walnuss-Salat

- 1 kg Rote Bete
- 150 g gemahlene Walnüsse
- 1 Bund Koriander oder Petersilie
- 3 EL Mayonnaise oder Creme fraîche
- 2 Knoblauchzehen

Die Rote Bete waschen und ungeschält bei schwacher Hitze kochen. Das Kochwasser abgießen, die Rote Bete abkühlen lassen, dann schälen und reiben.

Die grünen Kräuter klein hacken und zusammen mit dem Knoblauch und den Walnüssen zerstoßen. Nach Belieben salzen und mit der Roten Bete gut vermengen. Mayonnaise oder Creme fraîche untermischen und servieren.

Gehackter Spinat mit Walnüssen

- 500 g Spinat
- 150 g gemahlene Walnusskerne
- 2 Knoblauchzehen
- 3 EL Granatapfelsaft oder Weinessig
- 1 TL Adshika bzw. 1 scharfe Paprika
- 1 Bund Koriander oder Petersilie

Die Spinatblätter waschen, in einen Topf legen und eine Tasse Wasser zugießen. Ein paar Korianderblätter zugeben und alles 10 min dünsten. Anschließend die Spinatblätter über ein Sieb geben, gut ausdrücken und alles fein hacken.

Gepellte Knoblauchzehen und frische Korianderblätter klein hacken, mit Adshika bzw. der geschnittenen Paprika und den zerstoßenen Walnüssen vermischen und den Granatapfelsaft unterheben.

Beide Mischungen auf einem Teller vermengen, zu einem Kegel (runde Pyramide) formen und mit Granatapfelkernen dekorieren.

Diese Spinatzubereitung ist als Beilage oder als Zwischenspeise mit Weißbrot eine Überraschung für jeden.

Hirsesalat

- 100 g Hirse
- 200 ml Wasser oder Brühe
- 1 Gurke
- 3 Tomaten
- 100 g Walnusskerne
- 2 EL Walnussöl

Hirse in Wasser oder Brühe ungefähr 20 min kochen, bis die Flüssigkeit verdampft ist. Tomaten möglichst von Haut und Samen befreien, in ganz kleine Würfel schneiden. Die Gurke klein raspeln, Walnüsse fein raspeln, alles zusammen in einer Schüssel mit Öl vermengen und anschließend pfeffern und salzen.

Hervorragend zum Abendbrot.

Brennnesselsalat mit Walnüssen

1 kg junge Brennnesseln
125 g Walnusskerne
1 Zwiebel
1 TL Adshika oder 1 scharfe Paprika
je 1 Bund Lauch und Koriander

Die Brennnesseln in leicht gesalzenem Wasser 10-15 min kochen, dann abseihen und nach dem Abkühlen auswringen.

Die Zwiebel klein schneiden und mit den Walnusskernen und der Adshika bzw. Paprika in einer Schüssel zerstoßen bzw. durch den Fleischwolf geben oder mixen. Diese Mischung unter die Brennnesseln heben. Dazu können gekochte Eier und Lauch oder Polenta gereicht werden.

Die Brennnessel ist eine der wichtigsten Heilpflanzen für das Gehirn. Man sagt, dass sie das Gehirn und den Körper entgiftet. Besonders im Frühjahr ist wegen des hohen Vitamingehaltes eine Kur mit Brennnesselsaft sehr heilsam. Daher ist dieser Brennnesselsalat im Frühjahr sehr beliebt.

Eiersalat

10 Eier
300 g Joghurt
1 Bund Lauch
grüne Adshika:
1 Bund Koriander
1 Bund Minze
1 Bund Bohnenkraut
2 Zweige Oregano
1 scharfe, grüne Peperoni
2 EL Walnussöl
Meersalz (nach Belieben)

Alle Zutaten für die grüne Adshika grob hacken, in einem Gefäß mit dem Walnussöl mixen und nach Belieben salzen.

Die Eier kochen, vierteln, dann den Lauch fein hacken, in einer Schüssel mit dem Joghurt und der grünen Adshika gut vermischen und die geviertelten Eier hineinlegen.

„Atscharchal" (Kohlrabiblättersalat mit Nüssen)

400 g Kohlrabiblätter und Stängel
200 g Walnüsse
1 Zwiebel
1 Bund Koriander
1 TL Adshika oder 1 scharfe Paprika (fein gehackt)

Die Walnüsse mit Adshika oder Paprika in einem Gefäß zerstoßen, eine halbe Tasse abgekochtes Wasser, eine Prise Salz zugeben und mixen.

Die Kohlrabiblatter und Stängel, Zwiebel und auch den Koriander klein hacken. Alles in eine Schüssel geben, die Nussmasse zufügen und gut vermengen. Servieren.

Zuckerschotensalat mit Wachteleiern

200 g Zuckerschoten
10 Wachteleier
200 g frische Erbsen
200 g kleine junge Kartoffeln
3 EL Mayonnaise
4 EL Schmand
4 Zweige Koriander
4 Zweige Minze
Pfeffer

Die Zuckerschoten in wenig Wasser bei mittlerer Hitze etwa 10-12 min kochen. Die Kartoffeln bürsten, in Salzwasser ebenso kochen. Nun auch die Wachteleier 10 min kochen, schälen.

Alles in eine Schüssel geben. Mayonnaise, Schmand, gehackte Minze und Koriander vermischen, salzen und pfeffern. Über den Salat gießen und vorsichtig durchrühren.

Omelett mit Auberginen

- 1 Aubergine
- 2 Eier
- 2 EL Olivenöl
- 1 EL Butter
- Salz

Die Aubergine schälen, klein würfeln und mit Salz bestreuen. Nach 10 Minuten die Würfel mit der Hand ausdrücken und in etwas Olivenöl und Butter braten. Dazu die Auberginen mit Alufolie abdecken und mit einem Topf Wasser beschweren, damit sich die Würfel nicht mit Öl voll saugen.

Dann die geschlagenen Eier leicht salzen, zufügen und 2-4 min stocken lassen.

Es schmeckt gut zum Frühstück; doch wenn man etwas Adshika bzw. feinst geschnittene rote Paprika untermischt, gibt es eine interessante Schärfe, die auch sehr gut zum Abendbrot passt.

Bohnen-Walnuss-Bällchen

- 500 g Bohnen (am besten Wachtelbohnen)
- 150 g Walnusskerne
- 2 Zwiebeln
- je 1 Bund Koriander und Petersilie
- 1 TL Adshika oder 1 scharfe Paprika
- Pfeffer
- Salz
- ½ TL Zimt-Nelken-Mischung

Die Bohnen über Nacht in einem Topf mit kaltem Wasser einweichen. Am anderen Tag das Wasser abgießen, zur Hälfte mit frischem Wasser auffüllen und ca. 1 Stunde kochen. Dann die Bohnen über ein Durchschlagsieb geben und abtropfen lassen.

Die Walnüsse mit Adshika bzw. der fein geschnittenen Paprika, gehacktem Koriander, Zimt, Nelken, Pfeffer und fein gehackten Zwiebeln zerstoßen. Diese Mischung zu den Bohnen geben und gut zu einer Masse vermengen. Daraus eigroße Frikadellen formen, auf einem Teller anordnen und mit gehackter Petersilie bestreuen.

Dazu passt Baguette.

Gemüsegerichte und Suppen

Die abchasische Küche kennt viele verschiedene Bohnengerichte. Bohnen sind eines der wichtigsten Nahrungsmittel. Sie zeichnen sich durch ihren hohen Protein- und niedrigen Fettgehalt aus. Diese Bohnengerichte sind so gehaltvoll, dass sie Fleischgerichte vollwertig ersetzen können.

In Abchasien werden sowohl getrocknete Bohnen, die es einfarbig oder bunt-gestreift gibt, als auch frische Schnittbohnen verwendet. Um die Kochzeit der trockenen Bohnen zu verkürzen, werden sie über Nacht (6-12 Stunden) in Wasser eingeweicht. Nach dem Kochen werden den einzelnen Gerichten durch die Zugabe unterschiedlicher Gewürze bestimmte Geschmacksrichtungen verliehen. Es ist beeindruckend, wie durch die verschiedenen Verfeinerungen aus den einfachen Bohnen diese Vielfalt an wunderbaren Gerichten entsteht. Das am weitesten verbreitete Bohnengericht heißt Akudtschapa.

Klassisches Bohnen-Sellerie-Püree (Akud)

- 250 g Wachtelbohnen
- 2 Zwiebeln
- 1 Sellerieknolle
- 1 Bund Koriander
- 2-3 Zweige Bohnenkraut
- 3 Zweige Minze
- 2 Knoblauchzehen
- 1 TL Adshika

Die eingeweichten Bohnen mit den gehackten Zwiebeln und dem Bohnenkraut kochen. Bevor die Bohnen gar sind, wird die geriebene Sellerieknolle dazugegeben, dann lässt man alles weiter köcheln, bis die Bohnen gar sind. Dabei soll die Flüssigkeit nach dem Kochen noch ca. 2 cm über den Bohnen stehen. Falls zuviel Flüssigkeit im Topf ist, kann abgeschöpft werden; wenn zu wenig vorhanden ist, kann mit abgekochtem Wasser aufgefüllt werden. Nach dem Kochen entfernt man die Bohnenzweige. Dann mit Adshika würzen und alles mit einem Mixer pürieren. Koriander, Knoblauch und Minze klein hacken und unterheben. Dann kann das Püree vom Herd genommen und in kleinen Schalen serviert werden.

Dieses heiße Bohnen-Sellerie-Püree wird nicht als Beilage, sondern als Hauptkomponente mit Polenta oder Weißbrot gegessen. Dazu wird geräucherter Käse oder geräuchertes Fleisch gereicht. Als frisches Gemüse können Gurken, Lauch oder Radieschen gegessen werden, aber auch sauer eingelegtes Gemüse passt sehr gut dazu.

Dicke Bohnen auf abchasische Art

- 250 g Wachtelbohnen (eine bunte Sorte)
- 150 g gemahlene Walnüsse
- 1-2 Zwiebeln
- je 1 Bund Koriander und Bohnenkraut
- 2 Knoblauchzehen
- 1 TL Adshika
- 1 Granatapfel

Die eingeweichten Bohnen zusammen mit dem Bohnenkraut so kochen, dass die Bohnen gar, aber nicht zerfallen sind. Dann das Wasser abgießen.

Die Walnüsse mit Knoblauch, Adshika, gehacktem Koriander und einer Prise Salz zu einer einheitlichen Masse zerstoßen. Dann mit Granatapfelsaft nach Geschmack (oder Essig) verdünnen und an die Bohnen geben. Mit Granatapfelkörnern und Zwiebelringen verzieren und mit Baguettebrot oder Fladenbrot servieren.

Auch dieses Bohnengericht ist sehr beliebt. Durch die raffinierte Kombination der Zutaten wird eine so interessante Geschmacksrichtung erzielt, dass man mit dem Essen gar nicht mehr aufhören möchte.

Gebratene Zucchini oder Melonenkürbis

- 200 g Weizen- oder Hirsemehl
- 1 Tasse Milch
- 4 Eier
- 3 Melonenkürbisse oder 8 Zucchini
- Olivenöl zum Braten
- Pfeffer

Aus Mehl, Milch, Eiern, Salz einen glatten Backteig kneten. Kürbis oder Zucchini quer in 2 cm breite Scheiben schneiden. Das Öl erhitzen; die Kürbisscheiben in den Backteig tauchen und im heißen Öl knusprig braten. Von Zeit zu Zeit wenden, um eine gleichmäßige Bräunung zu erzielen. Auf einer Platte anrichten, nachsalzen, pfeffern.

Am besten heiß servieren.

Gemüsegulasch (Adshapsandal)

- 2 Auberginen
- 3 Gemüsepaprika
- 4 Tomaten
- 2 Zwiebeln
- 4 Kartoffeln
- 1 Bund Petersilie oder Koriander
- 4 EL Öl oder Butter
- 1 Knoblauchzehe
- 1 TL Adshika oder 1 scharfe Paprika

Die Auberginen waschen und putzen, dann in Würfel schneiden, mit Salz bestreuen und 10 min kalt ziehen lassen. Anschließend mit der Hand die ausgetretene Flüssigkeit ausdrücken.

Die Kartoffeln schälen, würfeln und unter die Auberginen mischen. Die Paprikaschoten waschen, würfeln und dazugeben.

Die Tomaten mit heißem Wasser überbrühen, häuten, grob hacken und ebenso untermischen.

Nun alles bei schwacher Hitze unter gelegentlichem Umrühren weiterschmoren lassen, bis es gar ist.

Petersilie und Knoblauch klein hacken und 5 min vor dem Garende unter das Gemüse heben und nach Belieben würzen.

Dazu passen Baguettebrot, Reis oder Nudeln.

Die Küche der wegen ihrer Langlebigkeit berühmten Abchasen und anderer Kaukasus-Völker kennt eine Reihe von Gerichten aus Auberginen, die mit unterschiedlichen Gewürzen und Zutaten variiert und verfeinert werden. Aus den violett-gefärbten Auberginen-Früchten, die durchaus Fleisch vollwertig ersetzen können, lassen sich tolle Gerichte zaubern.

Besonders beliebt sind Gerichte, in denen Auberginen zusammen mit anderem Gemüse gedünstet werden. Diese Zubereitungen schmecken sowohl warm als auch kalt ganz vorzüglich.

Gefüllte Auberginen mit Joghurt

- 2 Auberginen
- 150 g fester Mozzarella
- 2 Eier
- 150 g Joghurt
- 50 g Butter
- 2 Knoblauchzehen

Die Auberginen waschen und der Länge nach halbieren. Das mittlere Fruchtfleisch mit einem Teelöffel herausnehmen. Die ausgehöhlten Auberginen salzen, 10 min stehen lassen, bis sie „schwitzen“, dann abspülen. In flacher, mit Öl bepinselter Backform für 15 min halbfertig backen. In der Zwischenzeit das ausgeschabte Fruchtfleisch fein hacken, in einer Pfanne Öl erhitzen und das Fruchtfleisch mit Knoblauch andünsten lassen. Die Eier kochen, klein würfeln, mit gedünstetem Fruchtfleisch vermengen und damit die halbgegarte Auberginenhälfte füllen. Nun den zerkleinerten Mozzarella und die Butterflocken darüber streuen und weitere 5-7 min überbacken, bis die Auberginen weich sind.

Dazu lässt sich gut Joghurt servieren.

Auberginen in Walnuss-Sauce

- 1 kg Auberginen
- 250 g Walnusskerne
- 3 Zwiebeln
- 3 Knoblauchzehen
- 1 EL Adshika oder 1 scharfe Paprika
- 1 Bund Koriander oder Petersilie
- 1 Granatapfel

Auberginen waschen, aber nicht schälen, halbieren und im Wasser ca. 10 min gar kochen. Dann herausnehmen und nach dem Abkühlen vorsichtig die Flüssigkeit ausdrücken. Nun werden die Auberginen in eine Schüssel nebeneinander gelegt.

Die Walnusskerne werden zusammen mit dem Knoblauch, den Zwiebeln, den klein geschnittenen Küchenkräutern und der Adshika bzw. der fein gehackten Paprika in einer Schale zerstoßen und vermengt.

Der Granatapfel wird entsaftet und der gewonnene Saft unter die Mischung gegeben. Ein Glas abgekochtes Wasser dazugeben, verrühren und die fertige Sauce über die Auberginen geben.

„Auberginenkaviar“

- 2 Auberginen
- 2 rote Paprikaschoten
- 3 Tomaten
- 2 Zwiebeln
- je 1 Bund Petersilie, Koriander und Basilikum
- 3 EL Öl

Die gewaschenen Auberginen werden im ganzen für 35 Minuten im Ofen bei 190 °C gebacken.

Die Tomaten häuten, halbieren und mit einem kleinen Löffel die Kerne entfernen.

Die Paprikaschoten klein würfeln. Die geschälten Zwiebeln klein hacken und in etwas Öl dünsten. Dann die Paprika und die Tomaten zufügen und noch etwa 5 Minuten weiterdünsten.

Die Auberginen aus dem Ofen nehmen, die Schale abziehen und klein würfeln.

Den Knoblauch pellen und zerstoßen.

Alles in einer Schüssel zusammenfügen und, am besten mit der Hand, so kneten, dass eine einheitliche Masse entsteht. Im Bedarfsfall kann man auch einen Pürierstab verwenden.

Zum Schluss mit gehackten Kräutern veredeln.

Diese Speise schmeckt sehr gut als Brotaufstrich.

Auberginenpizza

Für den Teig:
- 300 g Mehl
- 50 g Butter
- 1 Ei
- 2 Tassen warme Milch
- 10 g Hefe
- Salz und Zucker

Für den Belag:
- 1 mittlere Aubergine
- 200 g Holumikäse
- 2 Zwiebeln
- 2 Knoblauchzehen
- 1 Tomate
- je 3 Zweige Oregano und Thymian
- Salz, Pfeffer

Die zerbröselte Hefe mit lauwarmer Milch und 2 TL Zucker in einer Schüssel verrühren. Mehl, Ei, eine Prise Salz und zuletzt die Butter zugeben und alles miteinander verarbeiten, wobei der Teig solange geknetet wird, bis er Blasen zeigt und sich von der Schüssel löst (Mit einem Handrührgerät dauert dies ca. 2 min.). Den fertig gekneteten Teig mit Mehl bestäuben, mit einem Tuch abdecken und an einem nicht zu kühlen Ort gehen lassen, bis sich die Menge etwa verdoppelt hat.

Die Auberginen längs in Scheiben schneiden, mit Salz bestreuen und 10 min stehen lassen, bis die Auberginen anfangen „zu schwitzen". Dann mit Küchenkrepp trocknen und in Würfel schneiden, die Zwiebeln und Knoblauchzehen fein hacken und alles im heißen Öl anbraten. Die Tomate klein schneiden, zugeben, kurz dünsten und vom Feuer nehmen. Dann die Kräuter fein hacken und ebenfalls zugeben.

Den Hefeteig auf Backpapier dünn ausrollen und in die Backform legen. Die Auberginenmischung gleichmäßig auf dem Teig verteilen und den geriebenen Holumikäse darüber geben. Zum Schluss noch ein paar Butterflöckchen dazugeben und bei 200 °C ca. 30 min backen.

Süßsaure Hammelfleischsuppe

- 1 kg Hammelfleisch
- 1 mittelgroße Sellerieknolle
- 3 Eigelb
- 4 Zwiebeln
- 1 TL Öl oder Butter
- 2 TL Maismehl
- ½ Glas saure Mirabellen- oder Brombeersauce
- je 2 Stängel Basilikum, Petersilie, Minze

Das Fleisch in Würfel schneiden und in einem Topf mit 2 l Wasser ungefähr 1 bis 1,5 Stunden kochen, dann das Fleisch herausnehmen.

In einem anderen Topf in heißem Öl die Zwiebeln anbraten. Dazu die Fleischbrühe gießen, salzen, pfeffern und weitergaren.

In einer Schale die drei Eigelb schlagen, 2 TL Maismehl unterrühren und die saure Sauce zugeben.

Die Eigelb-Mischung zur Brühe geben und verrühren, 5 min auf kleiner Flamme nochmals erhitzen (aber nicht kochen!), die Gewürzpflanzen klein schneiden und zugeben und schließlich das Fleisch unterheben.

Dazu kann Baguettebrot gereicht werden.

Pikante Hammelfleisch-Bohnen-Suppe

- 500 g Hammelfleisch
- 500 g grüne Schnittbohnen
- 4 Tomaten
- 3 Zwiebeln
- 2 Knoblauchzehen
- 2 EL Öl
- je 1 Bund Petersilie, Koriander, Basilikum
- 1 Stange Porree
- 1 scharfe Paprika

Das Hammelfleisch in Stücke schneiden und in 2,5 l leicht gesalzenem Wasser ca. 1 Stunde kochen. Die grünen Bohnen brechen, Porree klein schneiden, beides zum Hammelfleisch geben und weiterkochen lassen.

Die Tomaten kurz mit kochendem Wasser überbrühen, häuten, halbieren und die Kerne entfernen.

Das Fruchtfleisch und die Knoblauchzehen klein schneiden und alles in einem Mixer pürieren. Die Zwiebeln fein hacken, in Öl glasig braten und zu dem Gemixten geben. Das Ganze kurz aufkochen, die klein gehackte Paprika zur Suppe geben.

Die grünen Kräuter klein hacken, über die Suppe geben, kurz ziehen lassen und mit Baguettebrot servieren.

Gebratene Auberginen kaukasisch

- 2 Auberginen
- 4 Knoblauchzehen
- 1 Bund Petersilie
- 2 Zwiebeln
- 1 Becher Crème fraîche (200 g)
- 3 EL Olivenöl
- 1 EL Butter

Die Auberginen längs in Scheiben schneiden, mäßig mit Salz bestreuen und 10 min stehen lassen. Dann mit Küchenkrepp abtupfen und in etwas Olivenöl und Butter braten. Dazu werden die Auberginenscheiben mit Alufolie abgedeckt und mit einem Topf Wasser beschwert. So verhindert man, dass sich die Auberginen während des Bratens mit dem Öl voll saugen. Auf diese Weise auf beiden Seiten braun braten.

Die Knoblauchzehen und Zwiebeln pellen und zusammen mit Petersilie klein schneiden.

Die gebratenen Auberginen in eine Schüssel geben und mit Crème fraîche bestreichen. Zum Schluss mit den gehackten Kräutern bestreuen.

Dazu schmeckt Baguettebrot.

Auberginen mit Walnusscreme

- 3 mittlere Auberginen
- 2 Zwiebeln
- 2 Knoblauchzehen
- 200 g Walnusskerne
- 1 Bund Koriander oder Petersilie
- 4 EL Weinessig
- Safran, Pfeffer, Salz

Die Auberginen in dünne Scheiben schneiden, mit Salz bestreuen und ca. 10 min stehen lassen, bis sie „schwitzen“. Dann mit Küchenkrepp abtrocknen und portionsweise in einer Pfanne mit Öl auf beiden Seiten braun braten.

Während des Bratens die Walnusscreme vorbereiten: Die Walnusskerne in einer Schüssel zerstoßen. Zwiebeln, Knoblauch und die Kräuter klein hacken und dazugeben. Etwas Safran, Pfeffer und Salz nach Belieben untermischen und mit 4 EL Weinessig vermengen. Das Ganze mit einem Stabmixer zu einer Creme verarbeiten. Wenn die Creme zu fest werden sollte, kann sie mit warmem, abgekochten Wasser wieder geschmeidig gemacht werden.

Auf die gebratenen Auberginenscheiben wird nun die Walnusscreme aufgetragen, die Scheiben werden gerollt und serviert. Sehr gut als Snack, kleine Vorspeise oder auf der Festtafel als Attraktion!

Hühnersuppe mit selbst gemachten Nudeln (Alapscha)

- 200 g Mehl
- 1 Ei
- 1 Tasse Wasser
- Hühnerbrühe (am besten die Brühe des gekochten Huhnes nehmen)
- 1 Suppengrün
- 1 Bund Petersilie
- 1 Knoblauchzehe
- Salz

Der Nudelteig wird am Vortag zubereitet. Dazu das Mehl mit dem Ei, Wasser und Salz zu einem festen Teig verkneten und auf einer bemehlten Arbeitsfläche dünn (ca. 2 mm) ausrollen, in ca. 1 cm breite Streifen schneiden und auf einem Gitterrost über Nacht trocknen lassen.

Am Tag darauf die Hühnerbrühe zum Kochen bringen. Die getrockneten Nudelstreifen quer in kleine Stückchen schneiden, das Suppengrün zerkleinern, alles zur Brühe geben und ca. 10 min köcheln. Zum Schluss die Petersilie und den Knoblauch klein hacken und dazu geben, etwas salzen.

Dazu kann man gern Weißbrot reichen.

Die Suppe kann auch mit jeder anderen beliebigen Brühe zubereitet werden.

Rindfleisch-Reis-Tomaten-Suppe

- 500 g Rindfleisch
- 2–3 Markknochen
- 4 EL Reis
- 4 Tomaten oder
- 2 EL Tomatenmark
- 100 g Walnusskerne
- 3 Zwiebeln
- 3 Knoblauchzehen
- 1 TL Gewürzmischung (Basilikum, Koriander, Majoran) oder als Ersatz
- 1 Bund Koriander, Sellerie oder Petersilie
- 1 TL Adshika oder 1 scharfe Paprika
- 1 Prise Safran
- 1 EL Öl
- 1 EL Butter
- 3 Lorbeerblätter

Das Fleisch und die Markknochen waschen und mit den Lorbeerblättern in 2 ½ l leicht gesalzenem Wasser aufsetzen, bei ganz kleiner Hitze vorsichtig für 2 Stunden köcheln lassen. Dann das Fleisch aus dem Topf nehmen, in die Brühe den Reis geben und 15 min kochen.

In einer Pfanne Öl erhitzen, einen EL Butter zugeben und darin die klein gewürfelten Zwiebeln und den Knoblauch anrösten.

Die Tomaten häuten, klein würfeln und pürieren, dann unter die Zwiebel-Knoblauch-Mischung geben (bzw. angerührtes Tomatenmark) und weitere 5 min schmoren.

Das inzwischen erkaltete Fleisch klein würfeln, dazugeben und kurz aufkochen. Die ganze Mischung in die Brühe mit dem Reis geben. Die Walnusskerne mit Adshika zerstoßen und zur Suppe geben. Mit den Gewürzen und den fein gehackten Kräutern die Suppe veredeln und nach Belieben salzen. Dann kann mit Ciabatta-Brot serviert werden.

Der zarte Geschmack der Rinderbrühe, der neutrale Geschmack des Reises und die natürliche Säure der Tomaten sowie das leicht bindende Aroma der Walnüsse, veredelt mit feinen Küchenkräutern, erzeugen den charakteristischen Geschmack dieses Gerichtes.

Gebratene Auberginen auf geschmorten Tomaten

- 3 Auberginen
- 3-4 Zwiebeln
- 500 g Tomaten
- 1 Bund Koriander
- 4 Zweige Petersilie
- 3 Knoblauchzehen
- roter Pfeffer

Auberginen waschen, längs oder quer in Scheiben schneiden, salzen und etwa 15 min stehen lassen, bis sie „schwitzen“. Dann abspülen, mit Küchenkrepp abtrocknen und in Öl erhitzen. Die Auberginen-Scheiben goldbraun braten und in einer Schüssel beiseite stellen.

Das Öl noch einmal erhitzen, die klein gehackten Zwiebeln andünsten, die Tomaten klein schneiden, zufügen und weiter schmoren, bis die Tomaten weich sind.

Den Knoblauch, den Koriander und die Petersilie fein hacken und zugeben, pfeffern und salzen. Die gebratenen Auberginen zu den Tomaten geben und weitere 5 min ziehen lassen.

Dazu Weißbrot servieren.

Kohlrabi eingelegt

- 4 Kohlrabi mit Stängeln und Blättern
- 5 Knoblauchzehen
- 2 scharfe Paprika
- 2 St. Petersilienwurzel
- 2 Zweige Sellerie oder Dill
- 10 g Koriandersamen
- 10 g Dillsamen
- 6 Weinblätter oder 12 Kirschblätter
- 2 Rote Bete
- 2 l Wasser
- 2 EL Meeressalz

Das Gemüse einlegen – bloß nicht! Es gibt doch alles im Geschäft zu kaufen – heißt es, wenn man keine Zeit dafür hat.

Aber manche Dinge gibt es nicht zu kaufen. Eingelegtes Gemüse schmeckt nicht nur gut, sondern es fördert die gesunde Darmflora und sorgt für die Entschlackung unseres Körpers.

Legen wir also Gemüse auf abchasisch zusammen ein – z. B. Kohlrabi, Topinambur, Paprika, grüne Tomaten, Weißkohl und Rettich. Die schmecken besonders gut zu Bohnengerichten.

Kohlrabi von Stängeln und Blättern befreien. Die Stängel und Blätter nicht wegwerfen, das brauchen wir noch. Alles waschen, die Kohlrabi in 1 cm dicke Scheiben schneiden. Die Rote Bete schälen, auch in Scheiben schneiden (das brauchen wir für die Farbe).

Die Knoblauchzehen pellen. Weinblätter, Sellerie und Petersilienwurzel waschen. Das Wasser mit Salz, Petersilienwurzel und Lorbeerblättern zum Kochen bringen und 5 min kochen, abkühlen.

In einem gut gesäuberten Keramik- oder Glasgefäß 2 Weinblätter einlegen und die Hälfte vom Kohlrabi darauf legen, dann die Hälfte der Stiele, Blätter und Gewürze. Ein paar Scheiben Rote Bete auch zugeben, mit Weinblättern zudecken. Mit dem Rest genauso verfahren.

Das Salzwasser zufügen, mit einem Stein beschweren und zugedeckt 2-3 Wochen ruhen lassen.

Die Kohlrabischeiben passen sehr gut zu Bohnengerichten, man kann sie auch so essen. Aus Kohlrabiblättern kann man einen pikanten Salat mit Nüssen zubereiten.

Topinambur kann man genauso einlegen, nur die Knollen ganz lassen. Alles andere Gemüse können Sie auch so einlegen. Nach ungefähr einer Woche ist es gut, nur die Gurken sind bereits nach drei bis vier Tagen verzehrfertig. Weißkohl wird geviertelt vor dem Einlegen.

Grüne Bohnen mit Pecannüssen und Eiern

- 1 kg grüne Bohnen
- 3 Eier
- 100 g Butter
- 2 Zwiebeln
- je 1 Bund Petersilie, Dill, Minze und Basilikum
- 100 g Pecannüsse
- Salz

Die grünen Bohnen brechen und in einem Topf mit wenig Wasser 30 Minuten garen.

Die Zwiebeln klein schneiden und zufügen.

In einer Pfanne Butter erhitzen, die gegarten Bohnen darin dünsten und salzen.

Die Kräuter fein hacken und zugeben.

Die Eier schlagen, darüber gießen und mit einem Löffel die Eierschicht etwas zerteilen, damit sich die Masse gut verteilt. Den Deckel auflegen und weitere 3-4 Minuten garen.

Die in etwas Butter gerösteten Pecannüsse zu den Bohnen geben und heiß servieren.

Dazu passen Kornbrötchen.

Fleisch, Geflügel & Saucen

So sinnlich kann kochen sein: Iß! und trink! und liebe! Walnüsse gelten seit jeher als Symbol von Liebe und Fruchtbarkeit. Sie sind bekanntlich gesund, stärken das Herz und steigern die Potenz.

Das Multitalent Walnuss liegt voll im Trend. Mit Nüssen werden würzige Saucen, raffinierte Süßspeisen, Kuchen und knackige Salate gezaubert. Ohne sie ist die abchasische Küche nicht vorstellbar. Zu einer festlichen Tafel gehört z. B. Hähnchen in Walnusssauce.

Dieses Gericht ist weit über die Grenzen des Landes hinaus bekannt und beliebt.

Man kann sicher sein, dass diese Zubereitung zum Lieblingsgericht der Gäste avancieren wird.

Hähnchen in Walnusssauce

1 Maishähnchen (küchenfertig)
200 g Walnusskerne
1 Granatapfel
1 TL Adshika oder 1 gehackte scharfe Paprika
1 Scheibe Weißbrot

Das Gericht lässt sich schnell zubereiten, ist leicht bekömmlich und von feinem, leicht scharfem Aroma.

Das Hähnchen waschen, in leicht gesalzenem Wasser kochen, bis es gar ist. Danach zerlegen (2 Keulchen, 2 Flügel, 1 Brust, 2 Rückenhälften), das Fleisch von den Knochen lösen und in eine Schüssel legen.

Die Walnusskerne mit Adshika bzw. Paprika in einer hohen Schüssel gründlich zerstoßen (z. B. mit einem Holzquirl). Eine Scheibe Weißbrot in der Hühnerbrühe einweichen, zu den Walnüssen geben und 4 Tassen Brühe dazugießen. Den Granatapfel entsaften, indem man ihn halbiert und wie eine Zitrone mit der Hand über einem kleinen Sieb auspresst. Von dem Granatapfel vorher aber ein paar Körner zum späteren Verzieren abzweigen. Den gewonnenen Saft zu den zerstoßenen Walnüssen geben. Mit einem Stabmixer die Walnusssauce gut durchmixen, über das Hähnchenfleisch geben und die Granatapfelkörner auf der Oberfläche als Zierde verteilen.

Dazu passt heiße Polenta oder Baguettebrot. Zur Vollendung ist ein leichter, fruchtiger Rotwein sehr zu empfehlen.

Wie Abchasen Wachteln zubereiten

- 2 Wachteln (küchenfertig)
- 3 Zwiebeln
- 2 Knoblauchzehen
- 6 Tomaten
- je 1 Bund Koriander, Lauch, Basilikum
- Salz, Pfeffer

Die Wachteln waschen, mit Küchenkrepp abtrocknen und in kleine Stücke schneiden; anschließend salzen und pfeffern. In einer Pfanne Butter aufschäumen lassen und die Wachteln bei mittlerer Hitze 10 min braten.

Die Zwiebeln klein hacken und unter Rühren in die Pfanne geben. Die Tomaten kurz mit kochendem Wasser überbrühen, häuten, halbieren und die Kerne entfernen. Die Tomaten und die Knoblauchzehen klein schneiden, beides in einem Mixer pürieren und zu den Wachteln in die Pfanne geben. Alles kurz aufkochen lassen, die Temperatur reduzieren und 10 min weiter ziehen lassen.

Die Küchenkräuter waschen, abtupfen (dabei die harten Stängel entfernen) und fein hacken. Danach unter die Wachteln heben und servieren. Dazu kann Weißbrot oder Reis gereicht werden.

Manchmal ging mein Vater mit seinem Jagdhund zur Wachteljagd. Und es war ein ganz besonderes Abenteuer, wenn ihn sein Freund mit seinem Jagdfalken begleitete. Manchmal durften ihn meine Brüder begleiten, während wir Frauen zu Hause alles notwendige für das besondere Mahl vorbereiteten. Auch wenn die Jagd nicht erfolgreich war, waren diese Anlässe immer ein Grund zu besonderer Freude.

Hähnchen „Tabaka“

- 1 Maishähnchen
- 1 Knoblauchzehe
- ½ TL Adshika
- 1 TL Gewürzbasilikum oder einige frische Blätter Basilikum
- Öl, Butter
- Salz, Pfeffer

Dieses Hähnchen „Tabaka“ wird in einer breiten Pfanne zubereitet. Während des Bratens wird es mit einem Teller und einem Gewicht, z. B. einem mit Wasser gefüllten Topf beschwert. Übrigens wurden schon im alten Rom die Hähnchen mit einem schweren Eisen auf diese Weise „geplättet“.

Durch diesen Druck tritt das Fett heraus, aber der heiße Bratensud bleibt erhalten. Dadurch wird das Fleisch saftig und pikant zugleich. Außerdem verkürzt sich erheblich die Zubereitungszeit.

Das ausgenommene Hähnchen waschen und mit Küchenkrepp trocknen. Dann längs der Brust halbieren, auf die Innenseite legen und breitdrücken.

Danach von beiden Seiten mit Salz und Pfeffer würzen. Die Knoblauchzehe halbieren und mit der Schnittfläche das Hähnchen einreiben. Mit einem scharfen Messer mehrere kleine Schnitte in die Haut des Hähnchens ritzen und die klein geschnittenen Knoblauchstückchen unter die Haut drücken; ebenso mit den Basilikumblättern und Adshika verfahren.

In einer Pfanne Öl erhitzen, 1 EL Butter zugeben und das Hähnchen zuerst mit der Innenseite anbraten. Dazu muss auf das Hähnchen ein flacher Teller gelegt werden, der ordentlich, z. B. mit einem wassergefüllten Topf, beschwert wird. Auf mittlerer Hitze die beiden Seiten für ca. 40 min braten.

Das Hähnchen wird gewendet, wenn sich auf der einen Seite eine goldbraune Kruste gebildet hat. Dazu passt Brombeersauce mit Baguettebrot oder Polenta.

Gefülltes Grillhähnchen

- 1 Maishähnchen
- 1 Mozzarellakäse (125 g)
- 2 Knoblauchzehen
- 1 TL Adshika oder 1 scharfe Paprika
- 2-3 Zweige Basilikum und Minze

Das Hähnchen waschen, mit Küchenkrepp abtrocknen und mit Adshika außen und innen einreiben. Magen und Leber, falls vorhanden, sowie den Mozzarellakäse klein schneiden. Die Knoblauchzehen und die Küchenkräuter fein hacken, alles zusammenmischen, salzen und mit etwas Adshika bzw. der fein gehackten Paprika würzen. Diese Mischung in die Bauchhöhle geben und das Hähnchen entweder mit Rouladennadeln zusammenstecken oder zunähen.

Im heißen Ofen ca. 30 min braten, wenden und nochmals 25 min braten.

Dazu kann Salat gegeben werden.

Gefüllte Quitten „Abia"

- 4 Quitten
- 250 g Hackfleisch vom Hammel
- 3 EL Reis
- 2 Zwiebeln
- 1 Knoblauchzehe
- 1 Mozzarellakäse (125 g)
- ein paar Zweige Koriander oder Petersilie, Minze, Basilikum
- Pfeffer, Salz

Von den Quitten ein „Deckelchen" abschneiden und das Kerngehäuse so entfernen, dass die Frucht als Ganzes erhalten bleibt. Dann die Quitten halbfest kochen.

Den Reis kochen und das Hackfleisch kurz anbraten. Die Zwiebeln, den Knoblauch und die grünen Kräuter fein hacken und alles zusammen mischen. Mit dieser Mischung die Quitten füllen, mit Mozzarellascheiben die Öffnung bedecken und anschließend überbacken.

Quitten gehören in Abchasien in jeden Haus- und Bauerngarten. Schließlich stammt die Quitte aus dem Kaukasus und seit frühester Zeit werden ihr wahre Wunderkräfte zugesprochen. So war die adstringierende Wirkung von Quittenwein und Quittenhonig schon im Altertum bekannt. Quitten werden eingekocht, gebacken und auch roh gegessen. Die birnenförmige gelbe Quittensorte verströmt in ihrer Reifezeit einen angenehmen Duft, schmeckt kräftig aromatisch und wird bis 800 g schwer. Sie verleiht dem Fleisch einen interessanten Geschmack und in Olivenöl eingelegt gibt sie dem Öl eine feine Note.

Lammkoteletts mit Kräuteröl

- 8 Stielkoteletts vom Lamm
- etwas Öl zum Einpinseln
- etwas Granatapfelsaft zum Beträufeln
- Pfeffer aus der Mühle

Für das Kräuteröl:

- 1 Bund Koriander
- 1 Bund glatte Petersilie
- 1 EL fein gehackte Minze
- 1 EL fein gehackter Rosmarin
- 1 frische, scharfe Paprika
- 3 Knoblauchzehen
- 100 ml Walnussöl

Lammkoteletts mit Öl einreiben, dann mit dem Granatapfelsaft beträufeln. In der erhitzten Grillpfanne jede Kotelettseite 3 min braten oder grillen, danach salzen und pfeffern.

Für das Kräuteröl alle Kräuter fein hacken, den Knoblauch pellen, die Paprika entkernen und beides fein hacken. Zum Schluss das Walnussöl unterrühren. Die Koteletts mit dem Kräuteröl servieren.

Dazu passt Polenta, Kastaniensalat oder Reis.

Ähnlich der französischen Küche ist die abchasische Küche ohne Saucen nicht denkbar. Dabei unterscheiden sich die Saucen, die in Abchasien und Georgien zubereitet werden, grundsätzlich von der westeuropäischen Kochtradition. Sie werden ohne Mehlschwitze, nur aus Gemüse und hauptsächlich aus Obstarten wie Mirabellen, Brombeeren, Berberitzen, Granatäpfeln, Schlehen und manchmal auch aus Tomaten zubereitet. Solche Saucen schmecken vorzüglich zu Geflügel, Fisch und Fleisch. Sie sind leicht bekömmlich und problemlos zuzubereiten.

Wichtig dabei ist die richtige Darreichung der Saucen. Sie werden auf separaten kleinen Tellerchen serviert. Während man ein Häppchen Fleisch ißt, tunkt man ein Stück Polenta oder Brot in die Sauce und genießt sie dann zusammen mit dem Fleisch.

Brombeersauce

- 200 g frische oder auch tief gefrorene Brombeeren oder Preiselbeeren
- 1 ½ Tassen Wasser oder Hühnerbrühe
- ½ TL Adshika oder 1 scharfe Paprika
- 1 Bund Koriander oder Petersilie oder ein Zweig Sellerie
- 2 Knoblauchzehen

Die Beeren in ein wenig Wasser oder Brühe für 2 min blanchieren, den klein geschnittenen Knoblauch dazugeben und die Adshikapaste bzw. die klein geschnittene Paprika unterrühren.

Die Masse in ein hohes Gefäß geben, mit dem Pürierstab mixen und den fein gehackten Koriander dazugeben.

Diese Sauce wird kalt serviert und paßt am besten zu Maishähnchen, gegrilltem Fisch oder Fleisch mit Polenta.

Tomatensauce auf Abchasisch

- 500 g Tomaten
- 3-4 Knoblauchzehen
- 1 Bund Koriander oder je 1 Zweig Sellerie und Petersilie
- 1 TL Trockengewürz
- 1 TL Adshika oder 1 scharfe Paprika
- 4-5 Minzeblätter

Die Tomaten waschen, vierteln, in einen Topf legen und mit 2 Tassen Wasser auffüllen. Auf schwacher Hitze kochen lassen. Den Knoblauch pellen, klein würfeln und zusammen mit dem Trockengewürz und den Minzeblättern zu den Tomaten geben. Diese Tomatenmasse unter ständigem Rühren weiterkochen lassen. Wenn die gewünschte Konsistenz erreicht ist, kann der Topf vom Herd genommen werden. Die Tomatenmischung wird nun durch ein Sieb gegeben, mit Adshika bzw. der klein geschnittenen Paprika gewürzt, nochmals für ca. 5 min geköchelt und zum Schluss mit den grünen Kräutern veredelt.

Diese abchasische Tomatensauce passt gut zu Fleisch, Fisch, Pasta oder Reis.

Шелковица „Тутовник"
очень сладкая

Brennnessel-Minze-Sauce

- 300 g frische Brennnesselblätter
- 1 Bund Minze
- 1 Bund Koriander
- 100 g Walnusskerne
- 1 TL Adshika oder 1 scharfe Paprika
- 3 Knoblauchzehen

Brennnesseln und Minze in 0,5 l leicht gesalzenem Wasser auf kleiner Hitze 10 min kochen. Dann die Walnüsse, Knoblauch und Adshika bzw. die klein geschnittene Paprika zufügen und alles mit einem Mixer pürieren. Diese Sauce mit dem gehackten Koriander veredeln.

Dazu können gern gekochte Eier, Geflügel oder Pasta gereicht werden.

Es ist wohl bekannt, dass Brennnesseln sehr gesund sind. Ich erinnere mich an vieles aus meiner Kindheit, was mit Brennnesseln verbunden ist, manches Gute und manches weniger Angenehme. Aber oft habe ich mit meiner Schwester und mit meiner Mutter im Frühjahr gemeinsam frische Brennnesselblätter gesammelt und daraus eine leckere Sauce gemacht. Es hat uns Spaß gemacht, denn nach den kühlen Winterwochen war es auch geschmacklich eine schöne Abwechslung.

Putenschaschlik mit Obstsalat

- 500 g Putenmedaillons
- 4 EL Pflanzenöl
- je 2 Äpfel, Birnen, Orangen und Mandarinen
- 3 EL Mayonnaise
- 1 EL Zitronensaft
- 1 Zwiebel
- 1 Tasse Weißwein
- Salz
- Pfeffer

Die gewaschenen Putenmedaillons vierteln, in eine Schüssel geben, 2 EL Öl und 1 Tasse Weißwein zugießen, salzen und pfeffern. Die gehackte Zwiebel noch dazugeben und 1-2 Stunden oder über Nacht im Kühlschrank marinieren.

Die Fleischstücke auf Holzspieße stecken, grillen oder in einer Pfanne im erhitzen Öl goldbraun braten.

Die Früchte waschen, würfeln, in eine Schüssel geben und leicht salzen. Mayonnaise und Zitronensaft untermischen und zusammen mit den Putenspießen servieren.
Dies ist vor allem im Sommer ein leichtes Essen.

Lammschaschlik/Rindfleischspieße

- 1 kg Lamm oder Rindfleisch
- 2 große Zwiebeln
- 2 Knoblauchzehen
- ½ Glas halbtrockener Rotwein
- 3 EL Maisöl
- 2 Lorbeerblätter
- den frischen Saft aus einem Granatapfel
- ein paar Blätter Oregano oder Koriander
- Salz
- roter scharfer Paprika

Das gewaschene Lammfleisch auslösen, würfeln und in eine Schüssel legen.

Die grob geschnittenen Zwiebeln, den fein gewürfelten Knoblauch, Koriander/Oregano, Lorbeerblätter, Salz und scharfen Paprika mit dem Rotwein in einer Tasse gut verrühren, zum Fleisch geben, alles vermengen und 1-2 Stunden oder auch über Nacht im Kühlschrank marinieren.

Einen Holzkohlegrill vorbereiten. Die Fleischstücke auf einen Spieß stecken und auf dem Grill rösten. Dabei die Fleischstückchen ein paar Mal mit Granatapfelsaft beträufeln.

Dazu passt Polenta mit einer meiner Beeren- oder Mirabellensaucen.

Lamm-Auberginen-Eintopf

- 500 g Lammfleisch
- 500 g Kartoffeln
- 4 Tomaten
- 2 Zwiebeln
- 2 Knoblauchzehen
- 1 Glas Tomatensaft oder 2 EL Tomatenmark
- 1 Bund Koriander oder Petersilie
- 2 Auberginen
- Butter
- Öl
- ½ TL Adshika oder 1 scharfe Paprika
- Salz

Das Lammfleisch zu Gulasch schneiden und in einer Mischung aus Butter und Maisöl in einem Topf anbraten. Die fein gehackten Zwiebeln und Knoblauchzehen zugeben und mit braten. Dann mit 2 Tassen heißem Wasser übergießen und etwa 50 Minuten köcheln lassen.

Die Kartoffeln schälen, schneiden und zugeben. Die Auberginen längs in drei Scheiben schneiden, salzen und 10 Minuten stehen lassen, damit sie „schwitzen".

Dann mit Küchenkrepp abtupfen und in einer Pfanne beidseitig in Öl anbraten. Nach dem Abkühlen die Auberginenscheiben auf einem Brettchen in Stücke schneiden und zum Fleisch geben.

Die Tomaten klein schneiden, zusammen mit der Adshika bzw. der Paprika pürieren und ebenfalls zum Fleisch geben. Mit Salz abschmecken und alles noch 15 Minuten auf kleiner Flamme schmoren lassen.

Zum Schluss den fein gehackten Koriander darüber streuen. Dazu passt Fladenbrot.

Auberginen-Fleisch-Auflauf

- 3 Auberginen
- 300 g Rindfleisch zum Kochen
- 500 g Tomaten
- 2 Zwiebeln
- 1 Bund Petersilie
- 50 g Butter
- Pfeffer
- Salz

Zunächst das Rindfleisch kochen. Währenddessen die Auberginen längs halbieren, salzen und 10 min stehen lassen. Anschließend die Auberginen ausdrücken und in einer Pfanne mit etwas Butter braten.

Die Tomaten halbieren, in einem Topf mit wenig Wasser gar kochen und durch ein Sieb geben. Das gekochte Rindfleisch durch einen Fleischwolf geben.

Die Zwiebeln pellen, klein hacken und in einer Pfanne mit Butter dünsten. Dabei pfeffern, das Fleisch zufügen und kurz mitdünsten.

Die Petersilie fein hacken.

In einem Topf als erste Lage einige gebratene Auberginenscheiben nebeneinander legen. Darauf folgen lagenweise die Kräuter, das Fleisch und wieder Auberginen und so weiter. Zum Schluss die passierten Tomaten darüber gießen, den Deckel auflegen und bei kleiner Hitze 7 Minuten garen.

Dazu passt gut Reis oder Baguette.

Gegrilltes Küken

2 Stubenküken	
1 rote Paprika	
½ Tasse trockener Weißwein	
1 EL Olivenöl	
2 Knoblauchzehen	
Salz und Pfeffer nach Geschmack	

Die gewaschenen und gut abgetrockneten Stubenküken längs der Brust auftrennen, umdrehen und flachdrücken. Eine Knoblauchzehe in kleine „Stifte" schneiden und unter die an mehreren Stellen mit einem Messer eingeritzte Haut der Küken stecken.

Die zweite Knoblauchzehe und die Paprika fein hacken, mit dem Olivenöl und dem Weißwein vermischen und die Küken auf beiden Seiten damit bestreichen, salzen und pfeffern. Jede Seite ca. 7 min grillen.

Diese Stubenküken haben ein besonders zartes Fleisch und sind mild im Geschmack. Dazu passt gut Polenta und Beerensauce.

Saziwi

- 1 Hähnchen (wenn möglich, Maishähnchen)
- 4 Zwiebeln
- ½ bis 1 Granatapfel (mit der Hand ausgedrückt)
- 350 g Walnüsse
- 1 EL Adshika oder 1 scharfe rote Peperoni
- 4 Knoblauchzehen
- 1 Bund Koriander
- 1 EL gehackter Estragon
- 1 EL gehackter Thymian
- 30 g Butterschmalz

Saziwi ist ein weit verbreitetes Fleischgericht aus Huhn, Pute oder Fisch, dessen wichtigster Bestandteil neben dem Fleisch die Walnusssauce ist. Diese Sauce wird in unterschiedlichen Varianten zubereitet und besonders gerne im Ost-Kaukasus gegessen.

Das Hühnchen in Stücke teilen und mit dem Estragon und Thymian in einen Topf geben. Wasser hinzufügen, bis das Fleisch bedeckt ist, aufkochen und ca. 30 min. köcheln lassen. Das Fleisch aus der Brühe nehmen und in einem zweiten Topf mit den fein gehackten Zwiebeln rundherum anbraten.

Für die Sauce die Walnüsse mit Peperoni und Knoblauch in einem Gefäß mit 2 Tassen Brühe und dem Saft vom Granatapfel pürieren. Das Fleisch damit begießen und weitere 10 min. unter ständigem Rühren garen. Zum Schluss nach Belieben salzen.

Dazu passt Polenta oder Weißbrot.

Gekochtes Geflügel mit Beerensauce – scharf gewürzt

- 1 Huhn, Pute oder Perlhuhn
- 1 kleine Sellerieknolle
- 1 große Petersilienwurzel
- 3 Zweige Koriander oder Petersilie
- 2 Knoblauchzehen
- 1 TL Adshika oder 1 scharfe Paprika

Das Geflügel waschen und in einem großen Topf mit kaltem Wasser bedeckt aufkochen, auf kleine Flamme herunterschalten und weiter köcheln lassen. Die grob zerkleinerte Petersilienwurzel und die geschnittene Sellerieknolle sowie die gepellten Knoblauchzehen dazu geben, etwas salzen und ca. 30 min weiter kochen.

Das fertig gegarte Geflügel aus der Brühe nehmen und in eine Schüssel legen, nach Belieben zerteilen und mit Adshika bzw. der fein gehackten Paprika und dem gehackten Koriander vermischen.

Dazu reicht man Polenta mit Mirabellen- oder Beerensauce.

Am Tag darauf aus der Brühe eine köstliche Suppe mit selbst gemachten Nudeln kochen. Allerdings sollten Sie die Nudeln dafür schon heute vorbereiten.

Hähnchenschenkel mit Estragon

4 Hähnchenschenkel
3 Zwiebeln
1 Tasse trockener Weißwein
3 Eier
1 Bund Estragon
30 g Butter

Die Hähnchenschenkel in einem erhitzten Topf mit geschlossenem Deckel ohne Fett im eigenen Saft auf kleiner Flamme ca. 7 min schmoren lassen. Die Butter und gehackte Zwiebeln dazu geben und weitere 10 min schmoren. 2 Tassen Wasser zufügen, kurz aufkochen, sofort wieder auf kleine Flamme schalten und nochmals 10 min garen.

Jetzt den Wein zugießen, den fein gehackten Estragon hinzufügen, wieder aufkochen und herunterschalten, nochmals 5 min weiter schmoren.

Nun 3 Eidotter schlagen und unter Rühren hinzufügen. Den Topf vom Herd nehmen, 1 min ziehen lassen und mit Salz abschmecken.

Putenbrustbällchen

- 500 g Putenbrustfilet
- 1 Ei
- 500 g Penne (dicke Makkaroni)
- 250 g Cocktail-Tomaten
- 250 g Mozzarellakugeln
- 250 g Rosenkohl
- ½ Tasse Schlagsahne
- ein paar Zweige Basilikum und Salbei
- 2 Schalotten
- 2 EL Mascarpone
- 4 EL Öl
- 50 g Butter

Die Putenbrustfilets waschen und durch den Fleischwolf drehen, dann pfeffern und salzen, 1 Ei zugeben und gut durchmischen. 1 Schalotte pellen, klein schneiden, Salbei und Basilikum fein hacken und alles mit dem Fleisch vermischen. Daraus werden nun kleine Bällchen geformt. Diese in einer Pfanne mit Öl erhitzen, Butter dazugeben und darin die Bällchen schön goldbraun braten. Die fertigen Fleischbällchen in eine große Schüssel geben.

In einem Topf Salzwasser zum Kochen bringen und die Nudeln darin garen. Dann abgießen und ein wenig Butter unterziehen, damit die Nudeln nicht verkleben. Die Nudeln zu den Fleischbällchen geben.

Den Rosenkohl waschen und in einem Topf mit leicht gesalzenem Wasser für 7 min garen. Dann das Wasser abgießen und den Rosenkohl ebenfalls zu den Fleischbällchen und den Nudeln geben. Die kleinen Cocktail-Tomaten waschen und ebenfalls dazu geben.

In einer Pfanne eine fein gewürfelte Schalotte in Butter dünsten, die Schlagsahne mit der Mascarpone verrühren, pfeffern, salzen. Alles in der großen Schüssel miteinander vermengen und servieren.

Dieses Gericht ist sehr dekorativ und besonders für Kindergeburtstage sehr zu empfehlen. Da diese Putenbrustbällchen auch meinen Kindern ganz toll schmecken und sie oft bestellt werden, gebe ich hier gern das Rezept weiter.

Hähnchen mit Mirabellen

- 1 Hähnchen
- 200 g Mirabellen
- 5 Zwiebeln
- 1 rote Paprika
- 1 TL Koriandersamen
- 1 Bund Dill

Hähnchen in Stücke zerteilen und in einem erhitzten Topf mit geschlossenem Deckel 7 min im eigenen Saft auf kleiner Flamme schmoren lassen. Dann mit 2 Tassen Wasser übergießen, kurz aufkochen lassen und bei geringer Hitze weitere 25 min schmoren. In der Zwischenzeit die Mirabellen in einem kleinen Topf mit einer Tasse Wasser kochen, bis sich die Haut ablöst (ca. 5 min).

Dann die Früchte mit einem Löffel durch einen Durchschlag pressen. Die Zwiebeln, Paprika und den Dill fein hacken und den Koriandersamen zerstoßen. Dann alles mit dem Mirabellenpüree zum Hähnchen geben und weitere 10-12 min. schmoren.

Jetzt noch nach Geschmack salzen und servieren.

Dazu passen Reis, Polenta oder Weißbrot.

Hähnchen-Tomaten-Eintopf

- 1 Hähnchen
- 500 g Kartoffeln
- 500 g Tomaten
- 2 Zwiebeln
- 1 scharfe rote Paprika
- 3 Knoblauchzehen
- je 3 Zweige Koriander (ersatzweise Petersilie) und Basilikum
- 30 g Butter

Hähnchen in Stücke zerteilen und in einem erhitzten Topf mit geschlossenem Deckel 7 min im eigenen Saft auf kleiner Flamme schmoren lassen. Dann den Deckel abnehmen und auf großer Flamme ohne Zugabe von Fett kurz weiter braten. Nun die Butter und die zerkleinerten Zwiebeln hinzufügen und weiter braten, bis die Zwiebeln leicht gebräunt sind. Tomaten kurz mit kochendem Wasser überbrühen, enthäuten, entkernen, zerkleinern und mit einem Stabmixer pürieren. Kartoffeln schälen, in große Stücke schneiden, mit den pürierten Tomaten zum Fleisch geben und auf kleiner Hitze weitere 20 min. garen. Zum Schluss grüne Kräuter, Knoblauch und die Paprika klein hacken, zugeben und nach Belieben salzen. Noch einige Minuten ziehen lassen und servieren.

Dazu passt Weißbrot.

Paniertes Hähnchen mit Granatapfel

- 1 Hähnchen
- 1 Granatapfel
- 1 Ei
- etwas Mehl und geriebene Semmel
- 50 g Butter
- ½ Bund Basilikum

Das Hähnchen längs des Brustbeines und längs des Rückgrades auftrennen und in zwei Keulen und zwei Bruststücke teilen. Die Teile salzen, erst in Mehl, dann in geschlagenem Ei und zum Schluss in geriebener Semmel wälzen. Jetzt die Butter in einer Pfanne erhitzen und das Fleisch bei mittlerer Hitze rundherum goldbraun braten.

Dabei die Teile regelmäßig mit einem Löffel mit heißer Butter begießen. Die fertig gebratenen Stücke in einer entsprechend großen Schüssel so zusammenfügen, als ob es sich um ein ganzes Hähnchen handelt. Dies sieht recht lustig aus. Den Granatapfel halbieren und den Saft einer Hälfte mit der Hand über dem Hähnchen ausdrücken. Zum Schluss noch klein gehacktes Basilikum darüber streuen und sofort servieren.

Dazu passen Nusssauce, Tomaten-Gurken-Salat und Fladenbrot.

Gefülltes Hähnchen

- 1 Hähnchen
- 100 g Hühnerleber
- 100 g Hühnermagen
- 5 Lauchzwiebeln
- 2 Zweige Petersilie
- 3 Zweige Basilikum
- 2 Zweige Estragon
- 50 g Butter

Leber und Magen in einem Topf knapp mit Wasser bedeckt ca. 5 min weich kochen. Dann sehr klein schneiden. Die Lauchzwiebeln in Ringe schneiden, die Kräuter hacken und mit der Butter zu den Innereien geben, alles ca. 5-7 min schmoren, erst jetzt salzen.

Diese Masse in das Hähnchen füllen, zunähen oder mit kleinen Holzspießchen zustecken und dann im auf 180 °C vorgeheizten Backofen ca. 50 min backen. Dabei einige Male mit dem austretenden Bratensaft begießen. Dann das Hähnchen aus dem Ofen nehmen und auf einer Platte anrichten. Das Hähnchen nach Wunsch zerteilen und die Füllung neben den Fleischstückchen anrichten.

Dazu passt Polenta mit Mirabellensauce (Seiten 107, 120).

Am Spieß gegrilltes Hähnchen, gefüllt mit Leberpastete

- 1 Hähnchen
- 100 g Hähnchenleber
- 100 g Hähnchenmagen
- 125 g Mozzarella (Frischkäse)
- 2 TL Adshika oder 2 scharfe Paprika (mit 1 Knoblauchzehe mixen)
- 2 Zweige Minze
- 2 Zweige Estragon

Das Hähnchen waschen, trocknen und mit 1 TL Adshika bzw. 1 TL der Paprika-Knoblauch-Mousse bestreichen. Leber, Magen und Mozzarella klein schneiden, Kräuter hacken, mit 1 TL Adshika bzw. 1 TL der Paprika-Knoblauch-Mousse mischen und das Hähnchen damit füllen, zunähen, auf einen Spieß stecken und grillen oder in einem Backofen bei 180 °C goldbraun backen.

Dazu passt jede im Buch beschriebene Sauce und Polenta.

Maishähnchenschenkel mit Walnussfüllung

- 4 Schenkel von Maishähnchen
- 200 g gemahlene Walnusskerne
- 1 rote Paprika
- 2 Knoblauchzehen
- 1 EL gehacktes Basilikum
- 1 EL gehackter Thymian
- 1 TL Chmeli Suneli

Die Hähnchenschenkel vorsichtig an der Innenseite längs aufschneiden und den Knochen so entfernen, dass die „Hautseite" nicht zerschnitten wird. Dann das Schenkelfleisch aufklappen, so dass eine größere Fläche entsteht. Die Peperoni und den Knoblauch klein hacken und mit den Kräutern, den Walnüssen, etwas Salz und einer Tasse abgekochtem Wasser vermengen. Die Fleischstücke auf der Innenseite damit bestreichen, wie Rouladen aufrollen und mit Garn zusammenbinden. Die Rollen nebeneinander auf ein gefettetes Backblech legen, die obere Seite mit Mayonnaise bestreichen und im auf 180 Grad vorgeheizten Backofen 30 min. backen.

Dieses Gericht erfordert etwas handwerkliches Geschick, aber die Mühe lohnt sich.

Geräuchertes Huhn (oder Fasan)

Wenn man in Deutschland geräuchertes Huhn kauft, ist es im Gegensatz zu unseren Räucherwaren heiß geräuchert und hat dadurch ein ganz anderes Aroma. Die Abchasen hängen ihr Fleisch zum Räuchern ca. 3 m über die Feuerstelle, damit es nur mit dem Rauch, nicht aber mit der Hitze in Berührung kommt. Außerdem wird dem normalen Feuerholz Mandarinenholz beigefügt, durch welches das Räuchergut sein typisches Aroma entfaltet.

Um ein Huhn zu räuchern, wird die Vorderseite durchtrennt, so dass man es aufklappen kann. Nun wird es mit Salz eingerieben, in eine Schüssel gelegt, mit Folie abgedeckt und für zwei Tage in den Kühlschrank (oder an einen kühlen Platz im Keller) gestellt. Dann auf ein Holz- oder Eisengitter legen – oder einfach an einen Haken oder auf einen Spieß stecken – und möglichst weit über einer Feuerstelle anbringen und ca. 5 Tage räuchern.

Man kann das Fleisch nun wie jedes andere Räucherfleisch genießen. Der Abchase aber bevorzugt es, das Fleisch jetzt noch 10 min zu grillen oder aber 5 min in einer Pfanne in Butter zu braten. Dazu passt bestens Polenta und eine aromatische Beerensauce. Mit einem Glas Wein ist es eine Köstlichkeit!

Hühnchensalat mit Pilzen und Rettich

300 g Hühnerbrustfilet	
200 g Pilze (Champignons)	
200 g weißer Rettich	
1 Zwiebel	
1 Bund Dill	
1 Bund frischer Koriander	
3 EL Mayonnaise	
Salz, frischer Pfeffer	

Rettich raspeln, Zwiebel klein schneiden, beides salzen und den Saft im Sieb ausdrücken, um die Schärfe zu mildern, dann abspülen. Hühnchenbrust braten und dann klein schneiden. Pilze putzen und in Würfel schneiden, ganz kurz nach dem Fleisch braten.

Alles in eine Schüssel tun, Kräuter fein hacken und zugeben, Mayonnaise nicht vergessen, salzen, pfeffern und gut vermengen.

Barbarie-Entenschenkel in Walnuss-Weintraubensauce

- 4 Entenschenkel
- 300 g Walnusskerne
- 1 scharfe Paprika
- 4 Knoblauchzehen
- ½ Tasse Saft von unreifen Weintrauben oder von einem guten Weißweinessig
- 3 Zweige Koriander
- 2 g Safranfäden

Die Entenschenkel in einem Topf mit kaltem Wasser bedeckt aufkochen, auf kleine Flamme herunterschalten und ca. 30 min. köcheln lassen. Das Fleisch in eine Schüssel geben und die Ober- von den Unterschenkeln trennen.

Die Walnusskerne mahlen und in ein hohes schmales Gefäß geben.

Dazu kommen die etwas zerkleinerte Paprika, der Knoblauch sowie 2 Tassen der Entenbrühe und die 1/2 Tasse Traubensaft (bzw. der Weinessig). Alles mit dem Stabmixer gut zerkleinern, evtl. salzen. Die Sauce über die Entenschenkel geben und servieren.

Dazu passt Polenta oder Weißbrot.

Gebackene Wachteln mit Füllung

- 4 Wachteln
- 1 Bund Koriander
- 1 Granatapfel
- 3 Knoblauchzehen
- 2 Zweige Oregano
- 2 Zweige Basilikum
- Öl
- 1 scharfe Peperoni

Die Wachteln waschen und trocknen. Mit Öl und Knoblauch einreiben. Pfeffern und salzen. Koriander, Oregano, Knoblauch und Basilikum klein hacken, mit Öl vermengen, den Saft aus dem Granatapfel pressen, die Hälfte zu den Kräutern geben, die fein gehackten Peperoni zugeben, salzen und damit die Wachteln füllen.

Mit etwas vom Saft die Wachteln beträufeln, in eine eingefettete Form legen, und 30 min. backen. Ab und zu mit dem Saft beträufeln.

Dazu Polenta servieren, mit beliebiger Sauce oder Reis, und in Butter gebratene Salbeiblätter.

Geflügelleberpastete

- 300 g Hähnchenleber
- 100 g Hähnchenmagen
- 100 g Hähnchenherzen
- 10 Salbeiblätter, fein gehackt
- 2 EL Saft von unreifen Trauben
- 1 Bund Koriander, fein gehackt
- 50 g Butter
- 1 Knoblauchzehe
- 2 EL Walnussöl
- 1 scharfe Peperoni

Hähnchenherzen und Magen in einem Topf mit wenig Salz etwa 20 min kochen. In der Zwischenzeit die Butter in einer Pfanne zerlassen und darin Leber und Salbei einige Minuten andünsten, die Leber sollte innen noch rosa sein. Den Saft von Trauben, den Koriander zugeben, kurz aufkochen, dann in ein Gefäß tun, die gekochten Hähnchenherzen und Magen zugeben, den Knoblauch und Peperoni hacken, mit Öl zugeben, alles kurz mit dem Mixerstab mit wenig Umdrehungen pürieren.

Auf getoasteten oder gegrillten Brotscheiben servieren.

Mirabellensauce

500 g Mirabellen	
1 Bund Koriander	
2 Knoblauchzehen	
1 TL Adshika oder 1 scharfe Peperoni	

Die Mirabellen in einen Topf geben und so viel Wasser zugeben, dass die Mirabellen grade so bedeckt sind. Wenn noch Hühnerbrühe vorhanden ist, können Sie damit das Wasser ersetzen. Alles etwa 5-7 min. kochen, vom Herd nehmen und durch einen Durchschlag geben. Den Knoblauch und den Koriander fein hacken, Adshika oder die fein gehackte Peperoni zugeben und alles verrühren, nach Belieben salzen.

Zum Fleisch, Fisch mit Polenta servieren.

Trauben-Nuss-Sauce

500 g unreife Trauben	
150 g Walnüsse	
4 Zweige Koriander	
1 scharfe Peperoni	
2 Knoblauchzehen	

Die Trauben in einer Schüssel zerdrücken und durch einen Durchschlag drücken, den Saft abfangen. Die Nüsse zerdrücken, die Peperoni entkernen, klein hacken, den Knoblauch fein hacken. Alle Zutaten in einem Gefäß zusammen mixen. Koriander fein hacken und zugeben, nach Belieben salzen.

Zum Fleisch und zu Polenta servieren.

Berberitzen-Sauce

- 200 g Berberitzen
- 1 Bund Koriander
- 2 Knoblauchzehen
- 1 TL Adshika oder 1 scharfe Peperoni

Berberitzen in einen Topf geben und so viel Wasser zugeben, dass die Berberitzen grade so bedeckt sind. Auf mittlere Hitze etwa 5-7 min. kochen, durch ein Sieb drücken, den Saft mit Fruchtmark abfangen. Koriander, Knoblauch, Peperoni fein hacken und zugeben. Wenn Adshika vorhanden ist, kann sie statt der Peperoni zugegeben werden. Wenn man es sehr scharf mag, geht auch beides. Alles verrühren und nach Belieben salzen.

Zum Fleisch oder Fisch mit Polenta servieren.

Gefüllte und gegrillte Weinblätter

Mit Feigen

- 4 Feigen
- 4 Weinblätter

Die Weinblätter, besonders geeignet sind flächige Sorten, in Weinessig oder im Saft unreifer Trauben kurz blanchieren. Dies macht die Weinblätter weicher und verstärkt ihr Aroma. Allerdings muss man die Blätter noch mit Öl bepinseln. Jede Feige in ein Weinblatt wickeln und mit 2 Zahnstochern zu einem Päckchen zusammenstecken. Diese Päckchen grillen, dabei wenden, bis das Weinblatt knusprig ist.

Diese Häppchen passen sehr gut zu gegrilltem Fleisch oder Ziegenkäse, aber auch als Vorspeise.

Mit Ziegenkäse

- 4 Ziegenkäsecroutons
- 4 Weinblätter blanchiert und mit Öl bepinselt

Hierbei aufpassen, dass der Käse nicht zu weich wird und ausfließt.

Mit Hähnchenleber

- 5 Weinblätter blanchiert und mit Öl bepinselt
- 5 Stück Hähnchenleber
- 10 Salbeiblätter
- Granatapfelsaft zum Beträufeln
- Öl zum Bepinseln

Jedes Stück Leber mit Granatapfelsaft beträufeln und mit Öl bepinseln. Dann in ein Weinblatt mit je 2 Salbeiblättern wickeln, jedes mit Zahnstochern zu einem Päckchen zusammenstecken und wie oben beschrieben grillen, bis das Weinblatt knusprig ist.

Wildschwein gegrillt mit Backpflaumen

- 500 g Wildschwein (aus dem Rücken)
- 100 g Backpflaumen
- 100 g Rosinen
- 40 g Honig
- 5 Lorbeerblätter
- 50 ml Rotwein
- 50 ml Granatapfelsaft
- 30 g Butterschmalz

Das Fleisch abspülen, trocknen, in Scheiben schneiden, salzen und pfeffern. Die Backpflaumen und Rosinen in Whisky, Cognac oder Wein einweichen. In der Pfanne Butter erhitzen und das Fleisch von jeder Seite 7-8 min braten.

Inzwischen den Honig mit Lorbeerblättern, Rotwein und Granatapfelsaft unter Rühren erhitzen.

Die abgetropften Pflaumen und Rosinen zugeben, kurz kochen lassen, salzen und pfeffern. Das Fleisch mit der Sauce auf einer vorgewärmten Platte anrichten. Dazu passt Lawasch oder Fladenbrot.

Gegrilltes Wild, mariniert in Wein-Preiselbeer-Sauce

- 500 g Wild
- 4 EL Walnuss- oder Olivenöl
- 1 kleines Glas Preiselbeerenkonfitüre
- 300 ml Rotwein
- 30 g Butter
- Salz, Pfeffer

Für die Marinade den Wein, das Öl und die Preiselbeeren vermischen, nun salzen und pfeffern. Das Wild in Schaschlykstücke würfeln und über Nacht marinieren. Dann das Fleisch aus der Marinade nehmen und auf Holzspießchen als Schaschlyk aufspießen. Dann grillen oder in der Pfanne mit zerlassener Butter braten.

Die Marinade ca. 5 min köcheln lassen, über die fertigen Schaschlykspieße geben und servieren.

In Milch gekochtes Ziegenfleisch

- 1 kg Ziegenfleisch
- 0,5 l Milch
- 1 kleine Sellerieknolle
- 1 Petersilienwurzel
- 1 Bund Lauchzwiebeln
- Salz

Das Fleisch in Stücke zerteilen, den Sellerie und die Petersilienwurzel schälen und schneiden.

Alles in einen Topf geben, mit der Milch und 2 Tassen Wasser übergiessen und 1 Stunde köcheln lassen.

Nun die geschnittenen Lauchzwiebeln dazugeben und weitere 5 min ziehen lassen.

Ein Abchase hätte nun Polenta bevorzugt, aber es passen auch gut Rosmarin-Kartoffeln.

Rindfleisch auf abchasische Art

- 1 kg Rindfleisch
- 1 Zwiebel
- z. B. 1 TL Koriandersamen
- Salz

Das Fleisch mit den Zutaten gar kochen und auf einer Platte im Stück servieren. Davon werden Scheiben abgeschnitten. Zum Fleisch werden je nach Jahreszeit und Belieben unsere abchasischen Saucen gegeben. Nun kann je nach Belieben weiter mit Polenta, Salaten, Brot kombiniert werden.

Fleisch wird in Abchasien traditioneller Weise nicht gebraten, sondern einfach im Wasser mit Gewürzen gekocht. Dies ist viel gesünder und außerdem kommt der originelle Geschmack des Fleisches besser zur Geltung. Die besondere Geschmacksnote wird durch die verschiedenen Saucen gegeben. Hier kann die kreative Köchin ihre Phantasie spielen lassen und ihre Gäste immer wieder mit neuen Überraschungen verblüffen.

Leber, gebacken in Rotwein mit Adshika

- 500 g Rinder- oder Kalbsleber
- 1 Glas Rotwein
- 1 EL Adshika
- 1 EL Öl

Die Leber waschen, die Stücke in Scheiben schneiden, aber zusammen lassen. Auf einem Backblech im Ofen bei 200° C etwa 30 min backen.

Adjika mit dem Rotwein mischen, über die Leberstücke geben und weitere 15 min backen.
Dazu passt am besten frischer Salat.

Kalbfleisch in Weißwein

- 1 kg Kalbfleisch
- 500 g Mirabellen
- 1 Bund Petersilie
- 1 Bund Waldmeister
- 1 scharfe Paprika
- 1 l Weißwein
- Salz

Das Fleisch in einem Topf mit dem Weißwein übergießen und bis zu 40 min köcheln lassen. In einem anderen Topf die Mirabellen mit wenig Wasser aufkochen lassen, dann durch ein Sieb geben. Die anderen Zutaten kleinschneiden und zu der Mirabellensauce geben. Dies noch einige Minuten köcheln lassen und nach Belieben salzen. Das gekochte Kalbfleisch in Scheiben schneiden und mit der Mirabellensauce servieren. Dazu frischen, gemischten Salat und nach Belieben Polenta, Reis oder einfach Brot.

Gefüllte Weinblätter

Gefüllte Weinblätter sind, egal ob mit oder ohne Fleischfüllung, im ganzen Kaukasus sehr beliebt und besonders im Sommer als leichtes Gericht geschätzt. Es wird überall unterschiedlich zubereitet, aber das besondere nationale Kolorit bleibt dabei erhalten.

500 g Rind- oder Lammhackfleisch
10 frische flächige Weinblätter oder in Lake eingelegte
1 Tasse Reis
1 Zwiebel
500 ml Joghurt
je 1 Bund Koriander und Basilikum
Knoblauch
Pfeffer
Salz
50 g geröstete Pinienkerne
3 EL Essig

Die Weinblätter in eine Schüssel geben, mit kaltem Wasser bedecken und 15 Minuten ziehen lassen. Falls die Weinblätter frisch im Garten geerntet wurden, dann mit kochendem Wasser begießen und für 10 Minuten in Essig einweichen, damit sie weicher werden. Dann das Wasser abgießen, die Weinblätter ausbreiten und mit Küchenkrepp abtupfen.
Die Zwiebel fein hacken, mit Hackfleisch vermengen, Reis und die gehackten Kräuter zufügen, pfeffern, salzen und die Pinienkerne untermischen.

Auf je ein Weinblatt einen knappen EL Füllung auf die Unterseite geben, die seitlichen Blattränder über die Füllung klappen und in Richtung Blattspitze kompakt und fest aufrollen. Diesen Vorgang mit jedem Weinblatt wiederholen.

Die gefüllten Weinblätter in einen Topf dicht nebeneinander legen, 3-4 Tassen heißes Wasser zugießen und zum Kochen bringen. Dann mit einem Deckel verschließen und auf kleiner Flamme ca. 50 Minuten garen.

Währenddessen den Knoblauch zerstoßen und mit dem Joghurt aufschlagen.

Zum Schluss die Weinblätter auf einen Teller legen und mit dem Joghurt servieren.

Dazu passt ein trockener Riesling aus Deutschland und Weißbrot.

Hammelfleisch mit Quitten

500 g Hammelfleisch (am besten aus der Keule)
1 große oder zwei kleine Quitten
3 Zwiebeln
1 Bund Koriander oder Petersilie
Pfeffer
350 ml trockener Rotwein

Hammelfleisch wie Gulasch würfeln und pfeffern. Das Fleisch unter Wenden im Schmortopf kräftig anbraten. Die Zwiebeln pellen, klein schneiden und mit dem Thymian zum Fleisch geben und weitere 5 min schmoren. Den Rotwein zugießen und das Fleisch zugedeckt bei mittlerer Hitze 20 min weiter schmoren lassen.

In der Zwischenzeit die Quitten schälen, das Kerngehäuse entfernen, würfeln und unter das Fleisch mischen. Alles zusammen weitere 25 min schmoren. Mit den gehackten grünen Kräutern veredeln und nach Belieben salzen.

Fisch

Forelle im Maismantel

- 2 Forellen
- 2 EL Maismehl
- 2 EL Maisöl
- 2 Knoblauchzehen
- Salz
- Pfeffer

Die Forellen von den Schuppen befreien, abspülen und mit Küchenkrepp trocken tupfen. Nun mit Salz und Pfeffer würzen.

Die Knoblauchzehen pellen, durch eine Presse geben und mit dem Maismehl auf einem Holzbrett vermischen.

Jetzt die Forellen in diesem Mehl wenden und in einer Pfanne mit erhitztem Maisöl auf beiden Seiten bräunen.

Dazu passt meine Brombeersauce und Polenta.

Stör in Walnusscreme

- 500 g Stör in ca. 3 cm dicken Scheiben
- ½ Tasse Milch
- 2 EL Mehl
- 30 g Butter
- 150 g Walnüsse
- 2 Knoblauchzehen
- 3 Zweige Koriander
- 1 rote Paprika
- 1 EL getrocknete Berberitzen, eingeweicht in 1 Tasse Weißwein

Den Fisch waschen und trocken tupfen. Die Milch mit Salz und Pfeffer mischen. Die Fischstücke darin eintauchen, im Mehl wenden und in einer beschichteten Pfanne in Butter goldbraun braten.

Die Walnüsse mit Knoblauch, Koriander und der grob gehackten Paprika in ein schmales hohes Gefäß geben und mit dem Weißwein und den Berberitzen pürieren. Nach Belieben mild salzen und zum Fisch reichen.

Störspieße

- 500 g Störfilet
- 1 Tasse Weißwein
- 2 EL Walnuss- oder Olivenöl
- Korianderblätter
- Zwiebel
- Salz

Das Fischfilet wird in Schaschlik-große Stücke geschnitten und mit Weißwein und dem Öl besprenkelt, gesalzen wird nur sparsam. Auch ein paar Zwiebelringe und Korinaderblätter geben einen interessanten Pfiff. Nun wird ca. 1 Stunde mariniert, dann vorsichtig auf Spieße gesteckt und gegrillt.

Dazu passt scharfe Beerensauce mit Polenta oder auch ein frischer Salat.

Gegrillter Lachs

1 Lachs
3 große Zwiebeln
2 Knoblauchzehen
1 Glas trockener Weißwein
4 EL Oliven- oder Maisöl
Salz
Pfeffer
ein paar Minze- und Oreganoblätter

Den Lachs von den Schuppen befreien, abspülen und mit Küchenkrepp trocken tupfen. Nun den Fisch, am besten mit einer Schere, um das zarte Fleisch zu schonen, in Scheiben von ca. 2-3 cm Dicke schneiden und vorsichtig die Gräten herauslösen. (Den Kopf und den Schwanz kann man gut für eine schmackhafte Fischsuppe verwenden!)

Den filetierten Fisch zunächst in eine Schüssel legen.

Nun die Zwiebeln schälen und grob zerschneiden, die Knoblauchzehen pellen und klein würfeln und zusammen mit Minze- und Oreganoblättern zum Fisch geben, salzen und pfeffern, Wein und Öl zugießen und alles zusammen vorsichtig miteinander vermischen. Dann mit Frischhaltefolie zudecken und in den Kühlschrank stellen.

Am nächsten Tag ist der Lachs mariniert und zum Grillen bereit.

Am besten über schwacher Glut wenige Minuten auf beiden Seiten grillen. Zum Wenden eignet sich gut ein Schaber. Doch kann man den Lachs bei kühlerem Wetter auch in einer Pfanne garen.

Dazu passt eine meiner Beerensaucen und Kartoffelsalat.

Besonders wenn Sie viele Gäste erwarten, lohnt es sich, einen ganzen Lachs von etwa 3 kg zu besorgen (So wird er auch preiswerter!). Wenn er dann noch so wie bei den orthodoxen Abchasen mariniert wird, gelingt auf jeden Fall das Fest. Probieren wir´s!

Lachs in Walnusssauce

500 g Lachs in Scheiben
2 Knoblauchzehen
½ TL Koriandersamen
2 Lorbeerblätter
1 Prise Safran
1 TL Adshika oder 1 scharfe Paprika
200 g Walnusskerne
Saft von 1 Granatapfel oder Weinessig
Salz

Die Lachsscheiben waschen, mit Küchenkrepp abtrocknen und vorsichtig die Gräten herauslösen. Dann in einen Topf legen und soviel Wasser zugeben, dass der Fisch knapp bedeckt ist. Nun leicht salzen, die Lorbeerblätter hinzufügen und bei mittlerer Hitze 10-15 Minuten garen. Danach die Lachsscheiben in eine Schüssel geben und den Fischsud aufheben.

Den Granatapfel halbieren, ein paar Körner aufheben und aus den Granatapfelhälften mit beiden Händen den Saft abpressen.

Die gepellten Knoblauchzehen pressen und mit Adshika bzw. Paprika, den Walnüssen, Safran und den Koriandersamen gut zerstoßen. Anschließend 2 Tassen der Fischbrühe zugeben und alles mit einem Stabmixer zu einem einheitlichen Püree verarbeiten. Wenn diese Masse zu dick wird, eine halbe Tasse Fischbrühe zugeben. Zum Schluss den Granatapfelsaft unterheben, das Püree vorsichtig zum Lachs geben und mit den Granatapfelkörnern verzieren.

Dazu passt Polenta oder Weißbrot.

Gefüllte Regenbogenforelle mit Granatapfelsauce

2 Regenbogenforellen
50 g Butter
4 Eier
2 Zitronen
2 EL Mayonnaise

Für die Sauce:
2 große Granatäpfel
1 Bund Koriander
Salz und Pfeffer nach Belieben

Das Fruchtfleisch von den Zitronen (ohne Schale) klein schneiden. Die ausgenommenen und gewaschenen Forellen innen und außen mit Salz und Pfeffer einreiben. Nun die Forellen mit dem Bauch nach oben in die Hand nehmen und das Fruchtfleisch in den Bäuchen verteilen; jeweils zwei aufgeschlagene Eier in die Bauchhöhle gleiten lassen. Die Forellen zunähen, mit je einem Esslöffel Mayonnaise bestreichen und im auf 180 Grad vorgeheizten Backofen 25-30 min backen.

Zwischenzeitlich den Saft aus den Granatäpfeln auspressen (das geht ganz einfach mit der Hand), mit dem gehackten Koriander vermischen und etwas salzen. Als Sauce zum Fisch reichen.

Scholle in Weinsauce

- 500 g Schollenfilet
- 100 ml Rotwein
- 100 g Walnüsse
- 2 Lorbeerblätter
- 2 Zweige Petersilie
- 2 Zweige Koriander
- 1 Zwiebel
- 1 Knoblauchzehe

Schollenfilets in portionsgerechte Stücke schneiden und in einen Topf legen. Zwiebel und Petersilie fein hacken und mit dem Lorbeer zum Fisch geben, salzen. Den Rotwein und 100 ml Wasser zugießen, zum Kochen bringen und auf kleiner Flamme 6-8 min sanft köcheln lassen. Den fertig gegarten Fisch aus der Brühe nehmen und in einer Schüssel abgedeckt warm halten.

Die Brühe weitere 5 min köcheln lassen. Die Walnüsse, den Knoblauch und die Hälfte der Brühe in ein schmales hohes Gefäß geben und mit einem Stabmixer pürieren. Die Masse wieder zurück in den Topf geben und kurz aufkochen.

Den Fisch mit der Sauce begießen und mit fein gehacktem Koriander bestreuen.

Dazu passt Polenta und/oder Rote-Bete-Salat.

Mehlspeisen

Maisbrei – Abista (Polenta)

Der dicke, neutral schmeckende Mais- oder Hirsebrei – Polenta – wird anstelle von Brot zu abchasischen Hauptgerichten aus Fleisch, Geflügel, Fisch, Gemüse und Milchprodukten gegessen. Er passt gut zum pikanten und würzigen Geschmack der Saucen, die ohnehin zu den Hauptgerichten mitgereicht werden. Er bereichert die Gerichte mit seiner milden Süße, der zarten Konsistenz und dem Kontrast in der Temperatur. Die Saucen werden kalt serviert, aber Fleisch und Polenta heiß. Polenta wurde früher aus Hirse gekocht, wegen des leichteren Anbaus hat der Mais jedoch die Hirse verdrängt, so dass heute Polenta in der Regel aus Mais gekocht wird. Ich selber bevorzuge Hirse.

Maisbrei

- 200 g Maisgrieß
- 100 g Maismehl
- 2 l Wasser

Das Wasser in einem Teflontopf erhitzen. Zuerst den Maisgrieß mit einem großen flachen Holzlöffel unter ständigem Rühren in das heiße Wasser schütten und 10 min am Kochen halten, abschließend das Maismehl zugeben und schnell verrühren, damit keine Klumpen entstehen und 7-8 min. ziehen lassen. Vor dem Servieren nochmals gut durchrühren.

Zum Verteilen den Holzlöffel in kaltes Wasser tauchen , damit der Maisbrei nicht kleben bleibt, sondern sich gut vom Holzlöffel löst. Nun den Maisbrei portionsweise in Form eines flachen Kloßes auf die Teller geben und mit dem Holzlöffel schön glatt formen. Heiß servieren.

Hirsebrei

- 200 g italienische Hirse
- 50 g Maismehl
- 1,5 l Wasser

Die Zubereitung erfolgt wie bei Maisbrei mit dem Unterschied, dass die Hirse 20 Minuten Kochzeit benötigt.

Erst dann wird das Maismehl wie oben beschrieben zugegeben und serviert.

Käse-Polenta „Ailadsh"

1 l Wasser
250 g Maismehl oder Maisgrieß
4 Mozzarellakäse (je 125 g) oder 1 Mozzarellakäse (125 g) und 400 g Holumikäse
½ TL Salz

Dieses Gericht ist etwas ganz Besonderes. Man kocht es ein bisschen zarter als Polenta, wodurch es cremiger schmeckt.

In einem Topf das gesalzene Wasser zum Kochen bringen. Dann ca. die Hälfte des Mehls hineinrieseln und unter ständigem Rühren aufkochen lassen. Dann 7 min quellen lassen. Nun das restliche Mehl zufügen, gut durchrühren und 7 min ziehen lassen.

Den Käse in Scheiben schneiden, zu der heißen Polenta geben und nochmals kräftig durchrühren. Dann mit einem in kaltes Wasser getauchten Holzlöffel die Käse-Polenta auf die Teller geben und glatt formen.

Dieses Gericht kann auch mit Joghurt oder Honig gegessen werden.

Teigtaschen mit Lamm-Koriander-Füllung (Achinkal)

Für die Füllung:
300 g Hackfleisch vom Lamm
100 g Hackfleisch vom Rind
300 g Zwiebeln
1 Bund Koriander
1 scharfe rote Paprika
frisch gemahlener schwarzer Pfeffer

Für den Teig:
500 g Mehl
400 ml kaltes Wasser
1 Ei

Die Zwiebeln hacken und mit den anderen Zutaten für die Füllung in einer großen Schüssel vermengen, ein halbes Glas warmes Wasser zugeben, pfeffern, salzen und nochmals gut mischen.

Für den Teig das Mehl, das Ei und eine kleine Prise Salz in eine Rührschüssel geben und unter Zugabe von Wasser einen halbfesten Nudelteig kneten. Diesen Teig dünn und fein ausrollen und dann mit einem Becher oder Glas Scheiben von ca. 10 cm Durchmesser ausstechen.

In die Mitte jeder Teigscheibe 1 EL Füllung setzen und den Rand der Teigscheibe über die Füllung klappen, so dass ein kleines „Beutelchen" entsteht. Nun wird bei diesen Achinkal der Teig oben fest zusammengedreht.

In einem großen Topf werden 2 l Wasser zum Kochen gebracht und die Achinkal hineingelegt. Nach kurzem Aufkochen wird die Temperatur reduziert und die Achinkal im offenen Topf noch ca. 10 min so lange weiter geköchelt, bis sie an die Oberfläche steigen. Nun können sie mit einem Schaumlöffel herausgenommen und serviert werden. Am besten gibt man etwas zerlassene Butter darüber und würzt mit gemahlenem schwarzen Pfeffer; auch Crème fraîche kann sehr gut dazu passen.

In Suchumi an der Promenade war mein Lieblingslokal, wo diese duftenden Achinkal angeboten wurden. Dazu wurde am Ort gebrautes Bier aus dem Fass gereicht. Die heißen und scharfen Achinkal und das kühle Bier waren immer etwas Besonderes. Sie können es auch gern selbst versuchen. Es wird Ihnen gelingen.

Käse & Joghurt

Käsebrot

Käsebrot ist ein abchasisches Nationalgericht, welches aus alten Zeiten stammt. Bis heute nimmt es einen Ehrenplatz auf der abchasischen Tafel ein. Regional bedingt haben es die kaukasischen Völker unterschiedlich zubereitet. Dadurch entwickelte sich eine Vielzahl von Rezepten. Käsebrot ist für den Kaukasier, was die Pizza für den Italiener ist. Ähnlich wie die Pizza ist das Käsebrot weit über den Kaukasus hinaus beliebt und auch Sie werden damit Ihre Gäste begeistern.

Duftend und zart präsentiert sich dieses Gericht mit Käsefüllung. Da kaukasischer Salzlakenkäse hier nicht im Handel ist, kann man sehr gut auch Mozzarellakäse und griechischen Holumi- bzw. Fetakäse verwenden. Dies mag auf den ersten Blick unspektakulär sein, doch mit Salbei, Butter und anderen Zutaten gemischt und von feinem Hefeteig umhüllt, ist er eine echte Überraschung. Schon nach dem ersten Bissen spürt man das besondere Aroma.

Für den echten Teig nimmt man eine säuerliche Zutat, wie Joghurt oder saure Sahne. In einigen Gebieten des Kaukasus wird auch normaler Milch-Hefeteig genommen. Blätterteig ist prinzipiell auch möglich, doch dann fehlt das nationale Kolorit.

Für den Teig:

- 500 g Mehl
- 400 ml Buttermilch oder Joghurt
- 50 ml lauwarmes Wasser
- 1 Ei
- 100 g Butter
- 1 Würfel Hefe
- 1 TL Salz
- 1 TL Zucker

Für die Füllung:

- 2 Mozzarellakäse (je 125 g)
- 1 Holumi- oder Fetakäse (400 g)
- 1 Ei
- 1 EL Butter

Für den Teig den Backofen auf 220° C vorheizen. In einer Schüssel die Hefe, Salz und Zucker mit dem lauwarmen Wasser vermischen, die Buttermilch bzw. den Joghurt und 1 Ei hinzufügen. Dann das Mehl untermischen, alles gut zu einem Teig durchkneten und für 1 Stunde warm stellen.

Für die Füllung nimmt man den Mozzarellakäse und den Holumi- bzw. Fetakäse, zerbröselt ihn klein und gibt ein Eigelb und einen Esslöffel zerlassene Butter hinzu. Die Mischung gut mit den Händen vermengen.

Nun wird der Teig halbiert und die eine Hälfte zu einem runden Fladen mit einem Durchmesser von 25-30 cm ausgerollt. Die runde Backform wird mit Backpapier ausgelegt und der ausgerollte Teig darauf ausgebreitet. Nun kann die Käsemischung auf dem Teig verteilt werden. Die andere Teighälfte wird genauso ausgerollt und über die Käsemischung in der Backform gelegt. Die Ränder der beiden Teighälften werden fest miteinander verschlossenen, so dass beim Backvorgang die Käselake nicht auslaufen kann. Nun wird das Käsebrot ca. 25 min gebacken, bis es goldbraun ist. Am besten warm servieren.

Abchasische Teigtaschen mit Käsefüllung

Für den Teig:

- 250 g Mehl
- 125 ml Wasser
- 2 Eier
- 1 Prise Salz

Für die Füllung:

- 2 Päckchen Mozzarellakäse (je 125 g)
- 100 g Hüttenkäse
- 50 g Fetakäse
- 100 ml Honig

Für den Teig das Mehl und Salz in eine Rührschüssel geben, Wasser und Eier dazugeben und mit einem Mixer so lange durcharbeiten, bis der Teig anfängt, sich zu einer Kugel zu formen. Den Teig auf eine mit Mehl bestäubte Fläche geben und ca. 5 min kneten. Dann auf eine Dicke von 1,5 mm dünn ausrollen und aus dem Teig Kreise von 5 cm Durchmesser ausstechen.

Für die Füllung den Mozzarella- und Fetakäse zerbröseln und mit dem Hüttenkäse vermischen.

Einen vollen TL Käse-Füllung auf eine Hälfte jeder Teigscheibe geben. Die andere Hälfte der Teigscheibe über die Füllung klappen, so dass ein Halbkreis entsteht. Den Rand zusammendrücken und versiegeln.

In einem Topf 2 l leicht gesalzenes Wasser zum Kochen bringen. Die Teigtaschen ins Wasser geben und 10 min kochen.

Sie werden am besten heiß gegessen; dazu passt auch Honig sehr gut.

Gebratene Teigtaschen mit Käsefüllung „Atschadtsch"

Für den Teig:

- 350 g Mehl
- 200 ml Joghurt
- ½ Glas Mineralwasser
- 1 Ei
- 1 EL Zucker
- 1 TL Salz
- 100 g weiche Butter
- 20 g Hefe

Für die Füllung:

- 3 Mozzarellakäse (je 125 g)
- 200 g Fetakäse

Die zerbröselte Hefe mit ca. 50 ml lauwarmem Wasser, Zucker und Salz in einer Backschüssel anrühren. Dann das Mehl, die weiche Butter, das Ei, den Joghurt, das Mineralwasser und eine Prise Salz dazufügen. Mit einem Handrührgerät den Teig durcharbeiten, bis er sich von der Schüssel löst. Den Teig mit Mehl bestäuben und 1 Stunde gehen lassen.

Für die Füllung den Käse fein zerbröseln, 50 g zerlassene Butter und 1 Ei dazugeben und gut vermengen.

Den aufgegangenen Teig auf einer bemehlten Unterlage dünn ausrollen und mit einer Tasse oder einem Glas ca. 5 cm große Teigscheiben ausstechen. Auf eine Halbseite jeder Teigscheibe 1 EL Käsefüllung geben, dann die andere Halbseite der Teigscheibe so über der Füllung zusammenklappen, dass ein Halbkreis entsteht.

Nun die Ränder zusammendrücken und versiegeln.

In einer Pfanne Butter erhitzen und die Teigtaschen auf beiden Seiten goldbraun braten.

Dazu kann Joghurt gereicht werden.

Käsebrot à la Violetta

Dieses gefüllte Brot ist mein Lieblingsgericht. Jedem, der es bei mir gegessen hatte, musste ich das Rezept geben. Meine Freundinnen schwärmen davon und erfreuen wiederum ihre Gäste damit. Sie haben es liebevoll „à la Violetta“ genannt. Ursprünglich stammt dieses Rezept aus Abchasien; doch ich habe es etwas eingedeutscht.

Für den Teig:

- 500 g Mehl
- ¼ l lauwarme Milch
- 1 TL Zucker
- 100 g Butter
- Hefe
- ½ TL Salz
- 1-2 Eier

Für die Füllung:

- 1 Mozzarellakäse (125 g)
- 100 g Fetakäse
- 200 g geriebener Goudakäse
- 1 Ei
- 3 Zweige Salbei
- 2 EL zerlassene Butter

In eine große Backschüssel das Mehl geben, in die Mitte die lauwarme Milch, Butter, Eier, Salz und Zucker und die Hefe außen herum auf das Mehl bröseln. Mit einem Handrührgerät zunächst auf niedrigster Schaltstufe vermengen, dann auf höchster Stufe den Teig gut durcharbeiten. Den gekneteten Teig mit Mehl bestäuben, mit Küchenkrepp oder einem Tuch abdecken und 1-2 Stunden gehen lassen. Inzwischen den Backofen auf 200 °C vorheizen.

In einer Schüssel die Käsesorten fein zerbröseln oder zerreiben und den fein gehackten Salbei unterheben. Die zerlassene Butter und ein Ei dazugeben und alles gut vermengen.

Den Teig auf das mit Backpapier ausgelegte Kuchenblech geben und in die Teigmitte eine Vertiefung drücken, in welcher die Käsefüllung plaziert wird. Die Teigränder werden nun über die Füllung gehoben und so zusammengefügt, dass der Käsesud während des Backens nicht auslaufen kann. Dabei kann das Käsebrot bevorzugt in eine flache, aber auch in eine beliebige andere Form gedrückt werden. Anschließend wird ca. 30 min gebacken.

Gereicht werden kann dazu Tomatensalat mit Basilikum.

„Aschw“ (Suluguni-Käse)

- 1000 g Frischkäse
- 2 l Wasser

Das Wasser in einem Topf auf mittlerer Hitze zum Kochen bringen. Den Frischkäse in ca. 2 cm Breite schneiden und in das kochende Wasser legen. Nach 2 min das Wasser abgießen, die weich gewordene Käsemasse mit einem Holzlöffel drehen, bis ein einheitlicher Laib entsteht. Dann den Käse herausholen und in eine mit Salz bestreute Schüssel legen, mit der Hand schön formen und leicht mit Salz bestreuen. Der Käse kann etwa 2 Wochen in der Lake liegen, je nach Wunsch kann man den Käse dann auch räuchern, so hält er mehrere Monate.

Käserolle mit Gewürzkräutern

- 500 g Frischkäse oder Mozzarella
- 1 Bund Koriander
- 2 Zweige Minze
- 1 Bund Lauch
- 1 Zweig Bohnenkraut
- 3 Knoblauchzehen

Den Käse in Scheiben schneiden und in eine Schüssel legen. 500 ml kochendes Wasser darüber gießen, damit der Käse weich wird. Mit einem Holzlöffel kurz rühren und den Käse aus der Schüssel heben. Jetzt legt man ihn auf den Küchentisch und kann ihn ausrollen.

Die Kräuter und den Knoblauch fein hacken, nach Geschmack etwas salzen und damit den ausgerollten Käse bestreichen. Nun wird er aufgerollt, in 2 cm breite Stücke geschnitten und auf einem Vorlegeteller serviert. So passt die Käserolle gut zur Festtafel.

Käsefladen „Amgiàl" von Chiblas Oma

- 300 g Hirsen-, Weizen- oder Maismehl
- 100 g Sojamehl
- 300 g Frischkäse oder Feta und Mozzarellakäse, gebröselt
- 3 Tassen Molke, nach Belieben gesalzen
- 4 Weinblätter

Aus Mehl und Molke den Teig kneten, dabei den Käse mit hineinarbeiten, dann die Hände mit kaltem Wasser benetzen, den Teig zu einer Kugel formen und anschließend in der vorgewärmten Pfanne breitdrücken.

Den Teig mit Weinblättern als Schutz bedecken, alles mit dem Deckel schließen und die Pfanne in die heiße Holzkohle stellen. So weit wie möglich die Pfanne auch von oben mit heißer Holzkohle belegen und 30 min backen. Ein Genuss!

Diese Art der Zubereitung war einst verbreitet in Abchasien, aber mit der Zeit haben die Frauen leichtere Methoden der Zubereitung gefunden. Chiblas Oma ist ein echtes Original, sie hat sogar in ihrem Garten Soja-Pflanzen („Amachùd") angebaut, die leider in abchasischen Gärten kaum noch anzutreffen sind.

Für dieses Gericht brauchen wir einen Kamin oder eine andere offene Feuerquelle sowie eine Steingut-, Ton- oder eine gusseiserne Pfanne mit Deckel.

Joghurt herstellen

1 l frische Milch	
2 EL fertig gekauften 3,5%igen Joghurt	

Die Milch aufkochen, sofort vom Herd nehmen und abkühlen lassen, bis sie lauwarm ist. Dann in ein Gefäß gießen (gut eignet sich ein Keramiktopf) und 2-3 EL Joghurt vorsichtig und langsam unterheben, bis er sich von alleine aufgelöst hat. Nun das Gefäß bei Zimmertemperatur, mit einem Deckel oder Teller bedeckt, ruhen lassen. Dazu das ganze Gefäß mit einem dicken Tuch, z. B. einem Handtuch, gut einhüllen Nach 5-7 Stunden ist der Joghurt fertig. Man kann ihn auch problemlos am Abend ansetzen und sich über Nacht entwickeln lassen.

Käse-Lasagne von Schwester Susanna

Sie macht das am besten.

Für den Teig:
300 g Mehl
3 Eier
3 Eigelb
4 EL Wasser
eine Prise Salz

Für die Füllung:
am besten selbst gemachten Frischkäse (500 g) oder 4 Büffelmozzarella (je 125 g)
eine Prise Salz

Susanna bereitet zuerst den Teig: Sie mischt das Mehl mit Salz, drückt in der Mitte eine Vertiefung in das Mehl, gibt das Wasser und die verquirlten Eier hinzu und knetet den Teig etwa 10 min, bis er glänzend und elastisch wird. Dann formt sie den Teig zu einer Kugel, deckt ihn mit Frischhaltefolie zu und stellt ihn 30 min in den Kühlschrank.

In der Zwischenzeit zerkrümelt sie den Käse, salzt ihn und stellt ihn beiseite.

Die Teigkugel teilt sie in 4 Teile und rollt sie für die Backform (28 cm) aus.

Danach füllt sie einen mittelgroßen Topf zur Hälfte mit kaltem Wasser und fügt 1 EL Pflanzenöl dazu. Einen anderen Topf mit 3-4 l Wasser bringt sie zum Kochen.

Nun kocht sie jede einzelne Teigplatte 2 min vor und gibt sie danach in den Topf mit kaltem Wasser. Dann holt sie die Platten heraus und legt sie nebeneinander auf ein sauberes Tuch.

Den Backofen auf 180 Grad vorheizen. Die feuerfeste Form fettet sie ein und legt eine Teigplatte hinein. Den Käse teilt sie in 3 gleiche Häufchen und das erste Käsehäufchen verteilt sie auf die Teigplatte und verfährt mit weiteren zwei Teigplatten genauso. Den oberen Abschluss bildet die vierte Teigplatte. Sie stellt alles in den Backofen und backt 25 min. Dann bestreicht sie die Lasagne mit Butter und lässt weitere 5-7 min backen.

Susanna nimmt die Lasgne heraus, lässt sie etwa 10 min ruhen, schneidet sie in Portionen und serviert sie warm.

Frischkäse hausgemacht

Wenn Sie Lust haben, können Sie Frischkäse, der dem Büffelmozzarella sehr ähnlich ist, selbst herstellen. Dazu brauchen Sie:

4 l Milch (Kuh-, Ziegen- oder Büffelmilch)
2 Tabletten Labferment oder in Molke eingelegte Labmagenhaut

Frisch gemolken oder pasteurisiert, wird die Milch in einem Topf auf 35 °C gebracht, dann vom Herd genommen. Die Labtabletten in einem Löffel Milch auflösen oder 50 ml der Labferment-Molke, zur Milch zugeben und vorsichtig umrühren.

Dann zugedeckt etwa 4-5 Stunden ruhen lassen, bis sich eine festere Masse bildet, die sich am Boden absetzt.

Nun wird der Topf auf den Herd mit mittlerer Hitze gestellt. Mit der Hand zerteilt man die gebildete Käsemasse und formt sie während des Erwärmens im Topf langsam zu einem Laib. Hat sich eine gut geformte Kugel gebildet, entnimmt man sie und legt diesen Laib in eine Schüssel.

Nun leicht drücken und eine schöne Form geben; nach einer halben Stunde die ausgetretene Molke ab gießen und den Käse 2-3 Tage abgedeckt an einem kühlen Platz reifen lassen. Dann ist der Frischkäse für die Füllungen fertig oder kann zur weiteren Verarbeitung verwendet werden. Man kann diesen Frischkäse nach gründlichem Abtropfen z. B. auch räuchern, das schmeckt ganz lecker und ist für Gäste eine große Überraschung.

Probieren Sie einmal geräucherten Büffelmozzarella aus Delikatessenläden, dann wissen Sie, wovon die Rede ist.

„Die Käseschiffchen“

Diese leckere Spezialität wird in der Hauptstadt im beliebten Restaurant „Nartaa“ angeboten. Während des Urlaubs dort ist für mich mindestens ein Besuch im „Nartaa“ ein Muss. Auch in Afon hat neulich ein junger Mann selbst einen Steinofen gebaut – und wie die Italiener die Pizza, so backt der tüchtige Abchasier seine „Schiffchen“ am Schwanenteich.

Meinem Mann und meinen Kindern haben die Schiffchen so gefallen, dass ich sie in Deutschland auch probieren musste. Mittlerweile sind die Schiffchen meine Spezialität geworden und vielleicht auch bald Ihre?

250 g Mehl
200 ml Molke aus Mozzarellapäckchen
1 TL Zucker
1 TL Salz
2 EL Olivenöl
20 g Hefe

Für die Füllung:
2 Büffelmozzarella (je 125 g)
100 g Ziegenkäse
4 Eier
50 g Butter

Hefe, Zucker und Salz in einer Schüssel mit lauwarmer Molke auflösen, das Mehl zugeben. Nun daraus einen geschmeidigen Teig per Hand oder per Mixer kneten. Eine Stunde gehen lassen.

Inzwischen Mozzarella und Ziegenkäse zerkrümeln und mit einer Prise Salz gut vermengen. Arbeitsplatte und Hände bemehlen, den Teig in 4 Stücke teilen, jeden Teil in etwa 20 cm lange und 12 cm breite Ovale ausrollen. Den Käse in die Mitte aller 4 Teile geben, etwas andrücken. Die Teigränder an beiden Enden zusammenfügen und festdrücken. In der Mitte soll der Käse etwas aus der Teighülle herausschauen.

In der Mitte der Füllung platziert man jeweils ein Ei. Im Backofen bei 200° 25 min backen, bis die Schiffchen goldbraun sind und der Käse leicht geröstet ist. Heiß servieren, evtl. noch etwas zerlassene Butter in die Füllung träufeln.

Jetzt von den Teigspitzen beginnend kleine Stückchen abbrechen und in die Füllung dippen – guten Appetit!

Gebäck, Kuchen & Torten

Brot

- 1 kg Mehl
- 650 ml warmes Wasser
- 30 g Hefe
- 1 EL Meersalz
- ½ Tasse Mineralwasser

Die Hefe und das Salz im Wasser auflösen, das Mehl langsam einrieseln lassen und mit einem Mixer so lange verkneten, bis der Teig nicht mehr an der Hand klebt. Dann 1 Stunde gehen lassen.

Dann den Teig nochmals mit dem Mineralwasser durchkneten, mit Mehl bestäuben und nochmals 30 min gehen lassen. Den Ofen auf 240 °C vorheizen.

Inzwischen das Backblech mit Mehl einstäuben und den Brotteig zu einem großen, ovalen Kringel formen. Nun das Brot 30 min backen.

Meine Empfehlung: In ein Schälchen Olivenöl gießen, dazu etwas Adshika oder kleingeschnittenen scharfen Parika und Korianderblätter geben, etwas salzen. Stückchenweise Brot abbrechen und in diese Mischung eintauchen – dann braucht man gar nichts weiter zum Essen!

Der berühmte kaukasische Lawasch ist eine spezielle Fladenbrotart, die auch aus Hefeteig hergestellt wird. Leider gibt es in Deutschland noch nicht solche speziellen Backeinrichtungen.

Honigkuchen

- 300 g Mehl
- 3 Eier
- 250 g Honig
- 200 g Zucker
- 150 g saure Sahne
- 1 TL Backpulver
- 1 Prise Zimt
- ½ TL Salz

In einer Schüssel alle Zutaten zu einem Teig kneten. Je nach Geschmack kann man nun auch mit gehackten Nüssen oder getrockneten Früchten verfeinern. Die Springform (ca. 24 cm) mit eingefettetem Backpapier auslegen und den Teig gleichmäßig einfüllen.

Im vorgeheizten Backofen bei 200 °C für 50 min backen. Nun den Kuchen aus der Form nehmen, das Papier abziehen und den Kuchen mit Puderzucker bestreuen.

Dies ist ein Alltagskuchen, der ganz leicht zuzubereiten ist. Wenn die Kinder kleine Naschkatzen sind, kann man ihnen damit eine gesunde Freude bereiten. Doch passt er auch gut zum Tee oder zum Kaffee.

Torte „Napoleon"

Für den Teig:

- 400 g Mehl
- 200 g Butter oder Margarine
- 1 Tasse Bier oder Mineralwasser
- 1 Ei
- 1 Prise Salz

Für die Creme:

- 250 g Butter
- 220 g Zucker
- 2 EL Mehl
- ½ l Milch
- 1 EL Whisky

Man erzählt sich, dass dies Napoleons Lieblingstorte gewesen sei. Keine Hochzeit, kein Geburtstag und kein Fest wird ohne diese Torte gefeiert.

Man braucht dafür nur wenige Zutaten, doch die Zubereitung ist nicht ganz einfach. Aber der Versuch lohnt sich und man kann seine Gäste damit sehr überraschen. Das weiß ich aus eigener Erfahrung, denn diese Torte wird bei mir oft bestellt.

200 g Mehl und die Butter gut zu einem Teig verkneten, dann kalt stellen.

Das übrige Mehl, Salz, Bier bzw. das Mineralwasser und das Ei auch verkneten und zu einem Rechteck ausrollen.

In der Mitte dieses Teigstückes kommt nun das zuerst zubereitete Teigstück. Die Enden zusammenlegen und wieder zu einem Rechteck ausrollen. Dann vierfach übereinander legen und für 1 Stunde kalt stellen.

Dann den Teig vorsichtig ausrollen (nicht pressen!), vierfach übereinander legen und wieder kalt stellen. Diesen Vorgang mehrfach wiederholen, so dass der Teig ausgiebig geschichtet wird.

Nun den Teig in 8 gleiche Stücke teilen und jedes Teigstück dünn ausrollen. Wenn Sie der Torte eine runde Form geben möchten, dann den Teig bis zu einem Durchmesser von 28 cm ausrollen; möchten Sie lieber eine rechteckige Form, dann den Teig auf die Größe Ihres Backbleches ausrollen.

Den Backofen auf 200° C vorheizen. Dann die erste Teigschicht 5-7 min backen, bis der Teig eine beige-gelbe Farbe bekommt. So alle weiteren Schichten backen. Die letzte Teigschicht etwas länger backen, bis sie eine gelbbraune Färbung bekommt. Diese dann fein zerbröseln und bis zum Schluss zum Verzieren aufheben. Die anderen Schichten abkühlen lassen. Wenn die Teigschichten zu unregelmäßig sind, können sie mit einer Schere korrigiert werden. Dann mit ein paar Sahnetröpfchen besprenkeln.

Für die Creme das Mehl in einer Pfanne ohne Fett rösten. Das Mehl in eine Tasse geben und mit 6 EL Milch gut verrühren. Die restliche Milch zum Kochen bringen, langsam die Mehlmischung hinzufügen und unter ständigem Rühren 5 min kochen. Nun den Zucker und die Eier gut miteinander verrühren und zum Mehl geben, kurz aufkochen lassen und kalt stellen.

Die Butter in einem hohen Gefäß schaumig schlagen und nach und nach zur Mehl-Milch-Mischung geben. Dabei die Creme ständig weiter schlagen und den Whisky dazutröpfeln.

Jetzt alle Schichten sparsam mit der Creme bestreichen, die Schichten übereinander legen und den Rand sowie die Oberfläche mit der restlichen Creme bestreichen. Nun noch mit den feinen Teigbröseln die gesamte Torte bestreuen.

Pachlawa

Für den Teig:

- 700 g Mehl
- 100 g Butter
- 25 g Hefe
- ¼ l lauwarme Milch
- 2 Eier
- 2 EL Zucker
- ½ TL Salz

Für die Füllung:

- 400 g Walnüsse
- 350 g Puderzucker
- eine Prise Zimt

Zum Bestreichen und Begießen:

- 150 g Honig
- 40 ml Wasser
- 1 Eigelb
- zerlassene Butter

Die lauwarme Milch in eine Rührschüssel geben und die Hefe hineinbröseln. Das Mehl, die Butter, Eier, Zucker und Salz dazugeben und mit dem Knethaken auf zunächst niedrigster, dann höchster Schaltstufe zu Teig verarbeiten. Den fertig gekneteten Teig mit Mehl bestäuben und, mit Kreppapier abgedeckt, 1-1/2 Stunden gehen lassen.

Nun können für die Füllung die Walnüsse gemahlen oder durch den Fleischwolf gedreht und mit Zucker und Zimt vermengt werden.

Wenn der Teig aufgegangen ist, wird er in 9 Stücke geteilt und in Schichten von ca. 28 cm Durchmesser ausgerollt. Die erste Schicht wird nun auf die eingefettete Backform gelegt und etwas Füllung darauf verteilt. Nun wird die zweite Schicht darüber gelegt, mit Füllung bedeckt und die nächste Schicht verarbeitet. So wird bis zur letzten Schicht gearbeitet. Jetzt werden die Ränder zusammengedrückt, damit beim Backen die Walnussfüllung nicht ausläuft.

Dann werden die Oberfläche und die Ränder mit Eigelb bestrichen und mit einem Messer ein rhombenförmiges Muster in die Oberfläche geschnitten. Jetzt wird im vorgeheizten Ofen bei 180 °C für 15 min gebacken, dann herausnehmen, die Oberfläche mit zerlassener Butter bestreichen und weitere 25 min fertig backen.

Zum Schluss wird mit Honigwasser begossen. Dazu den Honig im Wasser auflösen und die Pachlawa an den Schnittstellen damit sparsam beträufeln. Anschließend im noch warmen Ofen die Honiglösung einziehen lassen. Abschließend die Pachlawa aus der Form nehmen und abkühlen lassen.

Nuss-Rosinen-Kuchen

- 500 g Mehl
- 1 Becher Schmand
- 1 Tasse Mineralwasser
- 200 g gehackte Walnüsse
- 200 g Rosinen
- 150 g Zucker
- 2 EL Butter
- 1 Eigelb
- 1 Prise Salz
- ½ Tasse Zuckersirup (50 g Zucker in 1 Tasse Wasser auflösen)

In einer Pfanne 2 EL Butter erhitzen und darin die gewaschenen Rosinen 5 min dünsten. Vom Feuer nehmen, die gehackten Nüsse hinzufügen und gut miteinander vermengen.

Für den Teig Mehl, Wasser, Schmand und Salz gut durchkneten. Den Teig in vier gleich große Stücke teilen. Jedes Teigstück für eine Springform mit einem Durchmesser von 24 cm dünn ausrollen. Die Backform mit Mehl bestäuben, eine Teigschicht hineinlegen, dünn mit Butter bestreichen und dann mit der Nuss-Rosinen-Masse belegen. Nun die zweite Teigschicht darauf legen, mit Butter bestreichen und wieder mit der Nuss-Rosinen-Masse belegen. Mit der dritten Schicht ebenso verfahren. Nach dem Auflegen der letzten Schicht die Teigränder zusammendrücken.

Das Eigelb mit 2 EL Milch verrühren und damit die Oberfläche und die Ränder des Kuchens bestreichen. Dann mit einem Messer rhombenartige Schnitte in die Oberfläche des Kuchens schneiden. Nun den Kuchen im vorgeheizten Backofen 50 min backen. Nach dem Abkühlen die Oberfläche mit Zuckersirup bestreichen.

Walnussrolle

- 300 g Mehl
- 150 g Crème fraîche
- 100 g weiche Butter
- 200 g gemahlene Walnusskerne
- 200 g Zucker
- 3 EL Honig
- Zimt und Salz nach Belieben

Die weiche Butter schaumig schlagen, Creme fraiche, Mehl und Salz zufügen und zu einem Teig verrühren.

Für die Walnussfüllung die Nüsse in einer Pfanne anrösten, durch einen Fleischwolf geben und mit Zucker, Zimt und Honig vermischen.

Dann den Teig auf einem bemehlten Backblech etwa 5 mm dick ausrollen und die Hälfte der Walnussfüllung auf den Teig geben. Die Teigränder über die Füllung zusammenlegen und von der Schmalseite her aufrollen. Nun eine zweite Rolle genauso herstellen.

Im vorgeheizten Ofen bei 225° C ca. 10 min backen, mit Eigelb bestreichen und weitere 20 min backen.

Zum Servieren die Nussrolle am besten in ca. 1-2 cm breite Scheiben schneiden.

Honigkekse

Diese Kekse werden nach einem uralten Rezept hergestellt und sind sehr lange haltbar. Sie sind in früherer Zeit von Jägern und Wanderern gern als Wegzehrung und Stärkungsmittel mitgenommen worden. Daher war von diesen Honigkeksen immer ein Vorrat zu Hause; und für kleine Naschkatzen ist es eine gesunde Alternative.

- 250 g Mehl
- 250 g Maronenmehl (falls nicht vorhanden, kann auch Vollkornmehl genommen werden)
- 250 g Honig
- 2 Eier
- 1 Tasse Mineralwasser
- Butter (zum Braten)
- Salz

In einer Pfanne das Mehl ohne Fett unter ständigem Umrühren anrösten, bis es eine goldene Farbe angenommen hat.

In einer Schüssel den Honig und die beiden Eier mit einer Prise Salz gut verrühren. Dann das Mehl, das Maronenmehl und das Mineralwasser dazugeben und den Teig gut durcharbeiten. Aus diesem Teig kleine Knödelchen formen, etwa so groß wie eine Walnuss.

In einer Pfanne Butter erhitzen und die Honigkekse goldbraun braten. Sie schmecken auch gut zu einer Tasse Kaffee.

Sahne-Torte mit Trockenfrüchten

Für den Teig:
- 5 Eier
- 5 EL Hirse- oder Weizenmehl
- 50 g Zucker
- 1 TL Backpulver

Für die Füllung:
- 2 Becher Schmand
- 100 g Puderzucker
- 100 g getrocknete Aprikosen
- 50 g getrocknete Weinbeeren
- 50 g Backpflaumen
- 50 g Walnüsse
- 3 EL Cognac

Das Eiweiß vom Eigelb trennen. Das Eiweiß in einem Gefäß steif schlagen und das Eigelb nach und nach vorsichtig untermischen. Dabei das Mehl mit dem Backpulver auch nach und nach hineinrieseln lassen und zu einem Teig mischen. Dann in eine mit Backpapier ausgelegte Tortenform (24-28 cm) geben. Bei 175° für 40 min backen. Auf dem Gitter abkühlen lassen und einmal quer durchschneiden. Währenddessen die Trockenfrüchte und Walnüsse klein hacken und mit Cognac vermischen. Den Schmand mit Zucker anrühren und damit eine Hälfte der Torte bestreichen, darauf die Trockenfrüchte streuen und die zweite Tortenhälfte drauflegen. Nun alles mit dem Rest des Schmands bestreichen, kurz kalt stellen, dann servieren.

Falls ich getrocknete Preiselbeeren habe, dekoriere ich die Torte noch damit.

Honig-Torte

- 3 Tassen Mehl
- 50 g Butter
- 2 EL Honig
- 2 Eier
- 1 Päckchen Backpulver
- ½ Tasse Zucker

Für die Creme-Füllung:
- 1 Tasse Puderzucker für die Creme
- 200 g saure Sahne
- 200 g Butter

Eine Schüssel auf einen Topf mit kochendem Wasser stellen. In diese Schüssel werden zunächst 50 g Butter, 2 EL Honig und eine halbe Tasse Zucker gegeben. Nachdem die Butter geschmolzen ist, gibt man die zwei Eier und das Päckchen Backpulver dazu und verrührt mit einem Schneebesen so lange, bis sich das Volumen verdreifacht hat.

Nun die 3 Tassen Mehl nach und nach einrieseln lassen und zu einem Teig verrühren. Dann nimmt man die Schüssel vom Topf und lässt den Teig abkühlen, bis er handwarm ist. Nun wird der Teig mit etwas zusätzlichem Mehl durchgeknetet und in 7 Portionen geteilt. Jedes Teil wird zu einer Scheibe von ca. 26 cm Durchmesser ausgerollt und dann separat auf einem Backblech auf Backpapier bei ca. 200 °C für etwa 3 min gebacken, bis der Teig leicht hellbraun geworden ist. Die letzte Schicht soll etwas länger backen, bis sie eine gelb-braune Färbung bekommt. Diese dann fein zerbröseln und bis zum Schluss zum Verzieren aufheben.

Für die Creme-Füllung wird mit einem Mixer die Butter zusammen mit dem Puderzucker vermengt. Dann nach und nach die saure Sahne zugeben; dabei die Creme ständig weiter schlagen, bis die ganze Sahne verarbeitet ist.

Jetzt alle Schichten sparsam mit der Creme bestreichen, die Schichten übereinander legen und den Rand sowie die Oberfläche mit der restlichen Creme bestreichen. Nun noch mit den feinen Teigbröseln die gesamte Torte bestreuen.

Schokoladen-Kastanien-Kuchen

- 6 Eier
- 175 g Bitterschokolade
- 50 ml gekochter Kaffee
- 4 EL echter Kakao
- 1 Prise Weinstein
- 1 Päckchen Vanillezucker
- 50 g Zucker

Für die Füllung:

- 400 ml Schlagsahne
- 2 EL Weinbrand
- 300 g Esskastanien
- 100 g Bitterschokolade gerieben

Eigelb mit der Hälfte des Zuckers in einer Schüssel schaumig schlagen. Schokolade hacken, im Wasserbad schmelzen lassen, ab und zu rühren. Kakaopulver in heißem Kaffee auflösen. Beides in der Eigelbmasse unterschlagen.

In einem anderen Gefäß Eiweiß mit Weinstein steif schlagen, den Rest des Zuckers und Vanillezucker zugeben, weiter kurz schlagen und unter die Schokoladenmischung heben. Die Mischung auf ein mit eingefettetem Backpapier belegtes Blech geben, glatt streichen, 25 min backen. Ein Küchentuch mit dem Kakao bestäuben, den Kuchen vorsichtig auf das Tuch legen und das Backpapier abziehen. Kuchen vom schmalen Ende her aufrollen. Abkühlen lassen.

Kastanien kochen und schälen, etwas Sahne unter die Kastanien heben, pürieren. Sahne mit Weinbrand steif schlagen. Kastanien und Schokolade unterheben. Kuchen vorsichtig entrollen und mit der Sahne-Mischung bestreichen (ein bisschen zum Verzieren aufheben), wieder aufrollen. Auf eine Platte geben.

Den Rest der Kastanien-Sahne-Mischung in einen Spritzbeutel geben und damit den Kuchen verzieren. Kalt stellen.

Karamell-Torte „Ideal“

- 400 g Mehl
- 200 g Zucker
- 8 Eier
- 6 EL Honig
- 150 g gemahlene Walnüsse
- 2 TL Backpulver, gelöscht mit 2 TL Essig
- 1 Dose gezuckerte Kondensmilch

4 Eier, 100 g Zucker und 3 EL Honig schaumig schlagen; 200 g Mehl und das Backpulver vermischen und nach und nach unter den Schaum heben.

Auf eine eingefettete Springform Backpapier legen, wobei das Backpapier auch eine wenig eingefettet sein kann. Den Teig in die Backform geben und bei 200 °C für 30-35 min backen. Mit den restlichen Zutaten genauso eine zweite Schicht backen.

Für die Creme die geschlossene Dose mit der gezuckerten Kondensmilch in einem Wasserbad auf kleiner Flamme 2 Stunden köcheln. Dann abkühlen lassen und die Dose öffnen. Die gezuckerte Kondensmilch sollte nun karamellisiert sein und eine hellbraune Farbe besitzen. Währenddessen die Butter schaumig schlagen, die Kondensmilch nach und nach zugeben und zu einer glatten Creme verrühren. Jetzt die Nüsse dazugeben (2 EL der Nüsse zur späteren Verwendung zur Seite legen.) und wieder verrühren.

Die beiden Tortenschichten je einmal waagerecht durchschneiden, mit der Creme dünn bestreichen und übereinander schichten. Mit der restlichen Creme die Tortenoberfläche und den Rand bestreichen und die gemahlenen Nüsse darüber streuen.

Desserts & Getränke

Weintraubensaftdessert „Akalmisch“ (rote Grütze aus Traubensaft)

- 1 l direkt gepresster roter Weintraubensaft
- 100 g Maisgrieß oder Vollkornweizengrieß
- 50 g Zucker

In einem Topf den Saft zum Kochen bringen und 1 Stunde köcheln lassen. Dann den Zucker hineinrieseln lassen, den Topf vom Feuer nehmen und erkalten lassen. Danach den Topf erneut auf den Herd stellen. Sobald der Saft wieder heiß wird, den Grieß langsam hineinrieseln lassen und dabei mit einem Holzlöffel durchrühren, damit sich keine Klümpchen bilden. Anschließend auf kleiner Hitze für ca. 7 min ausquellen lassen.
Das Dessert in mit kaltem Wasser ausgespülte Schälchen geben und nach dem Erkalten mit Nüssen servieren.

Diese Nachspeise ist sehr beliebt. Als Kind habe ich mich immer gefreut, wenn die Zeit der Weinlese kam. Nachdem der Saft aus den Trauben gepresst war, haben sich die Männer weiter mit der Weinbereitung beschäftigt und die Hausfrauen bekamen ca. 4-5 l roten Weintraubensaft, um daraus das beliebte Weindessert zuzubereiten.

Feigen in Honigsirup

- 6 frische Feigen
- 250 g Honig

In einem kleinen Topf den Honig bei schwacher Hitze ca. 10 min köcheln lassen.

Die Feigen waschen, in den köchelnden Honig geben und bei schwacher Hitze etwa 10 min weiterkochen lassen.

Nach dem Erkalten kann man sie aus Dessertschälchen als Nachspeise oder zu grünem Tee servieren.

Lorbeerkirsch- oder Weintrauben-Getränk

- 2 kg Lorbeerkirschen oder Weintrauben
- 2,5 l Wasser
- 300 g Zucker

Die Lorbeerkirschen oder Weintrauben vom Stiel befreien, waschen und in einen Glasskrug oder ein Tongefäß geben. Den Zucker im Wasser auflösen, zu den Früchten gießen, das Gefäß mit einem Deckel verschließen. Dann die Spalten mit Lehm oder Knetmasse abdichten und im Keller 3-5 Wochen gären lassen (optimal wäre es, wenn das Gefäß in die Erde eingegraben wird).

Dies gibt ein sehr schmackhaftes, schaumwein-ähnliches Getränk. Nach 5 Wochen kann man schon das Getränk genießen. Man kann dann mit kaltem Wasser 1:1 auffüllen und den Ansatz weiter gären lassen.

Kirsch-Haselnuss-Dessert

- 1 kg Süßkirschen
- 500 g Haselnusskerne
- mind. 500 g Zucker
- ½ Tasse Wasser
- Vanille

Die Kirschen waschen und entsteinen. Anstelle des Steins wird nun eine Haselnuss in jede Kirsche gesteckt.

In einem Topf den Zucker im Wasser zu einer Lösung kochen und die fertigen Kirschen vorsichtig hineinlegen. Dann auf kleiner Flamme alles für 1 Stunde weiter köcheln. Ab und zu vorsichtig umrühren und zum Schluss je nach Belieben etwas Vanille zugeben.

Diese Kombination von Kirsche, Haselnuss und Süße gibt ein überraschendes Aroma und eignet sich gut als Dessert zu heißem Tee. Wenn man diese Süßigkeit bis zum Winter aufbewahren möchte, sollte man das Gefäß gut verschließen.

Sinnvoll und entspannt Tee zu trinken ist eine gute Tradition. Besonders an kalten Wintertagen, wenn der heiße Tee auf dem Tisch steht und man dazu diese Konfitüre in kleinen Schälchen reicht, werden solche Stunden zu einem schönen Erlebnis. Doch leider gibt es diese Süßigkeit im Geschäft nicht zu kaufen. Also versuchen wir es selbst einmal, es klappt garantiert.

Honig-Sahne-Sorbet

- 300 g Kastanienhonig
- 500 ml Sahne
- 100 g Walnüsse
- 7 Feigen
- 1 Glas Weißwein (lieblich oder halbtrocken)

Zunächst 200 g Honig zusammen mit 100 ml kalter Sahne langsam erwärmen, die restliche Sahne steif schlagen und vorsichtig unter die Honig-Sahne-Mischung heben. Die mit Backpapier ausgelegten Schälchen füllen und im Gefrierfach halbfest werden lassen.

Währenddessen den restlichen Honig und den Wein in einem Topf langsam erhitzen, die Feigen schälen und vierteln, hinein geben und zugedeckt 4 min. köcheln, dabei einmal die Feigen umdrehen. Das Gefrorene aus den Schälchen stürzen und das Backpapier abziehen. Die gedünsteten Feigen vom Herd nehmen und zusammen mit der gefrorenen Honig-Sahne zu kleinen Türmchen anrichten.

Abchasisches Halwa

200 g Butter	
400 g Mehl	
300 g Honig	
1 l heißes, abgekochtes Wasser	

Diese Zubereitung gelingt viel besser, wenn jemand dabei mithilft. In einem Topf die Butter erhitzen, das Mehl hinzufügen und unter ständigem Rühren so lange erhitzen, bis das Mehl eine goldene Färbung angenommen hat.

Den Honig im abgekochten Wasser auflösen. Nun gießt einer die Honiglösung langsam in den Topf mit dem angerösteten Mehl, während der andere unter ständigem Umrühren eine cremige Mischung herstellt. Jetzt kann man die Masse 5 min ziehen lassen, dann nochmals gründlich verrühren. Nun wird das Halwa auf einen Teller oder in eine Form gegeben und kann erkalten. Nach dem Festwerden wird es in Scheiben geschnitten und serviert. Dazu passen gut geröstete Walnüsse.

Quittenkonfitüre

1 kg Quitten
1 kg Zucker
150 ml Wasser

Die Quitten schälen und sehr klein schneiden. Die Quittenschalen in 150 ml Wasser für 4 min kochen.

Dann die Schalen herausnehmen, die klein geschnittenen Quitten in das Kochwasser geben und 10 min kochen.

Nun die Quitten herausnehmen und in eine Schüssel geben. In dem Kochwasser den Zucker auflösen und die Quitten vorsichtig wieder hineinlegen. Auf kleiner Flamme bis 1 1/2 Stunden kochen. Heiß in Gläser abfüllen. Die Konfitüre gut verschließen, wenn sie längere Zeit aufbewahrt werden soll.

Diese Konfitüre passt gut zu Tee, Joghurt oder Schmand.

Quitten werden in Abchasien als ein Symbol für Kraft angesehen. Diese Früchte geben einen wirkstoffreichen Extrakt, der ihnen den Beinamen „Herzfreund" eingebracht hat. Quitten können recht groß werden und fühlen sich offenbar im subtropischen Klima Abchasiens sehr wohl, denn sie werden hier sehr aromatisch.

Grüne Walnuss-Konfitüre

50 grüne Walnüsse (diese im Juni-Juli ernten, solange die innere Nussschale noch weich und nicht verholzt ist)
1 kg Zucker
1 TL Kardamom
1 TL Zimt
10 Gewürznelken
250 g Kalk
1 EL Ginseng
Vanille

Im Kaukasus ist diese Konfitüre aus grünen Walnüssen sehr beliebt. Sie hat einen interessanten und unverwechselbaren Geschmack und durch die Heilkraft der Walnuss stärkt sie das Herz. Daher war die Nachfrage im In- und Ausland sehr groß und so wurde diese Konfitüre aus Abchasien in viele Länder exportiert.

Man kann sie auch zu Hause zubereiten, obwohl es nicht ganz leicht ist.

Die unreifen, grünen Walnüsse so schälen (Doch Vorsicht! Die grünen Nussschalen färben sehr stark, so dass man am besten Gummihandschuhe trägt!), dass nach Möglichkeit nur die äußere dünne Oberschicht entfernt wird. Die geschälten Nüsse in eine Schüssel geben, mit kaltem Wasser bedecken und 3 Tage stehen lassen. Dabei das Wasser 2-3 mal am Tage wechseln. Diese und die folgende Prozedur ist notwendig, um die Bitter- und Gerbstoffe aus den Walnüssen zu entfernen.

Am 4. Tag das Wasser abgießen und jede Nuss mit einer Gabel 2-3 mal einstechen. Danach die Nüsse mit Kalk bestreuen und Wasser so dazu geben, dass alles bedeckt ist. Jetzt erneut 3 Tage stehen lassen und am 4. Tag das Kalkwasser wieder abgießen, die Nüsse waschen, frisches Wasser auffüllen und noch einmal 24 Stunden stehen lassen.

Dann die Walnüsse herausnehmen und in einem Topf mit frischem Wasser ca. 15 min kochen. Nun die Nüsse abseihen, nochmals frisches Wasser auffüllen und Ginseng zugeben. Alles zusammen 10 min kochen und wieder abseihen.

Jetzt das Finale: In einem anderen Topf den Zucker in 1 l Wasser auflösen und aufkochen. Die Walnüsse hineinlegen und auf kleiner Flamme weiter köcheln. Kardamom, Nelken und Zimt in einem Leinensäckchen verschnüren und zu den köchelnden Nüssen geben. Nach ca. 30 min das Gewürzsäckchen wieder herausnehmen, die Walnüsse abkühlen und über Nacht ruhen lassen. Am nächsten Tag wieder langsam erhitzen und so lange weitergaren, bis sie einen schwarzen Glanz bekommen. Dies kann 1½-2 Stunden dauern, dann Vanille je nach Belieben zufügen.

Nun ist die Walnusskonfitüre fertig und es hat sich auf jeden Fall gelohnt. Wenn man diese Konfitüre längere Zeit, z. B. bis zum Winter aufbewahren möchte, sollte sie gut verschlossen werden.

Sie schmeckt dann besonders gut zu ungesüßtem schwarzen Tee.

Quitten-Baisers

300 g Quitten
4 Eiweiß
500 g Zucker
Saft von einer halben Zitrone

Quitten waschen, weich blanchieren, schälen und durch ein Sieb pressen, beiseite stellen. Eiweiß steif schlagen, Zucker langsam zugeben, dann Mus und Zitronensaft beifügen, alles zusammen 10 min rühren. Das Backblech mit Backpapier belegen, Baisers darauf spritzen und bei schwächster Hitze 45 min im Ofen trocknen lassen. Dann den Ofen ausmachen und die Baisers noch eine Nacht im Ofen belassen. Sie schmecken sehr gut zum Frühstück oder zum Kaffee.

Atschamschamita – Pfannkuchen mit Feigenkonfitüre

200 g Mehl
250 ml Milch
3 Eier
½ TL Backpulver
1 EL Zucker
3 EL Öl zum Braten
Feigenkonfitüre (in italienischen Läden erhältlich)

Für den Teig Mehl, eine Prise Salz, Zucker und Backpulver mischen. Eier und Milch zugeben und alles zu einem Teig schlagen. Zudecken und etwa 20 min ruhen lassen.

Öl in der Pfanne erhitzen, dann mit einem Löffel kleine Portionen Teig in die Pfanne geben. Bei starker Hitze goldbraun braten, vorsichtig wenden und die zweite Seite auch goldbraun braten. Heiß mit Feigenkonfitüre servieren.

Honigschnitten

1 Glas Honig
200 g Hirse
400 ml Wasser

Honig mit Wasser vermischen und in einem Topf etwa 10-15 min kochen lassen. Das Hirsemehl in einer Pfanne rösten und in das kochende Honigwasser einrieseln lassen.

Alles weiter köcheln lassen und dabei ständig rühren, bis die Masse eindickt. Dann in eine mit kaltem Wasser ausgespülte Form geben und kalt werden lassen. Diese Honigleckerei in Scheiben schneiden und am besten zum Tee reichen.

Walnüsse umhüllt mit Weintraubensaft „Adschindschuch"

1 l direkt gepresster roter Weintraubensaft
100 g Maisgrieß oder Vollkornweizengrieß
50 g Zucker
500 g geviertelte Walnusskerne

In einem Topf den Saft zum Kochen bringen und 1 Stunde köcheln lassen. Dann den Zucker hineinrieseln lassen, den Topf vom Feuer nehmen und erkalten lassen.

Danach den Topf erneut auf den Herd stellen. Sobald der Saft wieder heiß wird, den Grieß langsam hineinrieseln lassen und dabei mit einem Holzlöffel durchrühren, damit sich keine Klümpchen bilden.

Anschließend auf kleiner Hitze für ca. 7 min ausquellen lassen.

Die geviertelten Walnusskerne mit einer Nadel auf 25-30 cm lange Fäden ziehen. Die aufgefädelten Nüsse in den heißen Traubensaftgrieß eintauchen, herausnehmen, kurz antrocknen lassen und nochmals eintauchen. Dieser Vorgang wird solange wiederholt, bis die Walnüsse reichlich mit Traubensaftgrieß umhüllt sind. Dieses Traubenkonfekt wird nun zum endgültigen Trocknen in die Sonne oder im Winter an eine warme Stelle in die Küche gehängt. Wenn das Konfekt so weit getrocknet ist, dass es nicht mehr an den Fingern klebt, kann es in einem Leinentuch lange aufbewahrt werden.

Wenn man an langen Winterabenden am Kamin zur Unterhaltung zusammenkommt und sich an einem Gläschen Grappa oder Weinbrand aufwärmt, ist unser Traubenkonfekt eine passende Leckerei.

Feigenpastillen

1 kg Feigen
100 ml Wasser
250 g Zucker

Die reifen Feigen pellen, in einer Holz- oder Porzellanschüssel per Hand zerdrücken, bis eine einheitliche Masse entsteht. Wenn es per Hand zu schwer wird, können Sie die Masse auch kurz mixen.

In einem Topf Wasser mit Zucker zum Kochen bringen. Vorsichtig nach und nach die Feigenmasse unter den Zuckersirup heben und bei kleinster Hitze etwa 1 Sunde zu einem dicken, braunen Brei kochen. Dabei öfters umrühren. Die Feigenmasse abkühlen und als eine dünne Schicht auf ein Holzbrett streichen. In der Sonne 2-3 Tage trocknen. Dann aufrollen und trocken aufbewahren. Zum Verzehr dünne Scheibchen abschneiden.

Eine Delikatesse!

Rezeptverzeichnis

ISBN 978-3-89798-284-0

Fotos: Dr. Axel Rudat, Berlin; Fotolia
Gestaltung: Uta Wolf, Leipzig
Druck- und Bindearbeiten: GCC Grafisches Centrum Cuno, Calbe

Printed in Germany
www.buchverlag-fuer-die-frau.de